神預測

從歷史軌跡
找致富密碼,
一次進場
富三代!

歴史から学ぶお金の「未来予測」

瞭解過去的人，必能掌握未來！

「對未來很不安……」

「幾乎沒有存款……」

「不懂如何做生意……」

「完全沒在投資……」

「關於經濟或理財，我一竅不通……」

你只要符合上述一種情況，看過本書保證讓你獲益良多。

長年以來，我一直從事透過金融市場預測未來經濟動向的工作。迅速預測未來，掌握經濟動向，正是我的工作。

提到預測未來的方法，或許會覺得跟煉金術很像。

不過，**我在預測未來時，自有一套秘方**。

這道秘方就是**「歷史」**。

因為，瞭解過去的人，必能掌握未來。

現在發生的事，過去也曾發生過！

想解讀經濟或金融的未來趨勢，必須具備歷史知識。

不過，並不是要你背記年號或像說相聲般，牢記歷史大事。

「回顧歷史，預測未來。」

這就是我預測未來的方法。

人類歷史相當悠久，要全部塞進腦子裡很難。

因此，我將重點鎖定於「歷史轉捩點」，思考從中得到了什麼樣的啟示。

因爲只要回顧歷史，「經濟動向」就會清楚浮現。

簡單地說，經濟趨勢必定會走向「具有希望的標的」。

歷史轉捩點就是經濟走向改變的瞬間。

譬如紛爭、戰爭或政權交替等，顛覆該時代常識或所有前提的大事，都是在歷史轉捩點發生。

所以，找出歷史轉捩點，調查及推測該時間前後發生的事，可以迅速預測未來。

因爲，現在發生的事，過去也曾發生過。

我們只要**學習現在之前發生的事，也就是「歷史」，就可以預測現在及未來**。

請牢記這件事。

在往後的世界，將會發生什麼事？

全球的金流會往何處去？

讓我們以這個觀點，一起學習歷史吧！

你可以改變未來

第一章傳授各位**「學習歷史、成為有錢人的方法」**。說明找出歷史轉捩點的方法，以及經濟走向。從零致富的人都懂得學習歷史與活用歷史，這些方法絕對能讓你派上用場。

第二章焦點在於回顧**「中國歷史」**。歷經無數次改朝換代，依舊屹立世上，擁有超過四千年歷史的中國，有許多值得學習的重點。本章節將解開讓現今中國突飛猛進的**「改革開放」**之謎。

第三章回顧**「歐洲歷史」**。自古以來在歐洲這塊土地，各國之間即存在著各種

「紛爭」，歐洲史可以說是一部「戰爭史」。然而，有戰爭就有錢的影子隨行。要學習經濟走向，絕對不能錯過歐洲歷史。焦點鎖定在現今金融體系創辦之祖的**「洛希爾家族」**（Rothschild Family）。

第四章回顧**「美國歷史」**。美國作爲一個移民國家，歷史並不長，是由各式人種組成的國家。第二次世界大戰期間，猶太人逃離歐洲，來到美國，且活躍於金融界。擁有豐富資源的美國如何與猶太人合作，創造**二十世紀的繁榮**，將在這個單元爲各位找出理由。

第五章回顧**「日本歷史」**。回顧太平洋戰爭戰敗的日本如何再崛起，解析從過去到現在、未來的變遷。向前人學習，學習他們如何在已經成爲一片焦土的日本，從零開始奮鬥，再創繁榮的日本，並思考如何讓未來的日本更好。

第六章回顧**「亞洲歷史」**。第二次世界大戰結束後，亞洲屢屢成爲戰場。回顧亞洲各國如何從列強支配的手中獨立，找出人人都喊**「今後是亞洲稱霸的時代」**的理由。金錢聚集的地方，愈能擁有大好機會！

最後一章將簡單傳授**「我預測未來的秘方——算命學」**。推測國家趨勢的學問就是算命學。

我就是利用這套算命學，預測未來。在這個章節將公開這個秘方，以及往後的日本走向。

如果你認爲——

「不想成為錢的奴隸，想成為財富的主人。」

「不想一輩子為錢煩惱，想守住自己的資產。」

請跟我一起透過「歷史」，學習預測「經濟」動向。

爲了擁有更美好的未來，爲了守護未來，你一定要學會「預測未來」。

就算你現在不富有，只要學會預測未來的知識，就有可能成爲有錢人，也能賺大錢。如果你現在已算富有，若能再善用預測未來的知識，可以讓財富加倍，也能妥善守住你的財富。

當你閱讀本書時，等於也在學習歷史，預測未來的知識也會更豐富。如果可以，就從現在開始學習吧！當你想賺錢、守住資產，只要付諸行動，就能成功。

若能透過本書，讓你的未來充滿希望、幫助你創造財富，本人將深感榮幸。

目次

CHAPTER I

從歷史學習，成為有錢人

CHAPTER II

從中國歷史看未來

CHAPTER III

從歐洲歷史看未來

CHAPTER IV

從美國歷史看未來

CHAPTER V

從日本歷史看未來

CHAPTER VI

從亞洲歷史看未來

FINAL CHAPTER

從算命學看未來

CHAPTER I

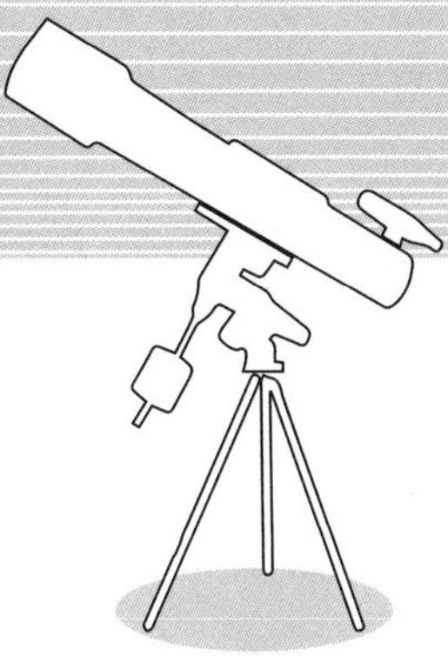

從歷史學習，成為有錢人

白手起家的大富豪們

若以全球總人口數來看，大富豪的人數只能算是滄海一粟；然而世界上確實有許多大富豪存在。有的人歷代都是資產家，不過，白手起家的富翁也不算少。

譬如，微軟公司創辦人比爾·蓋茲（Bill Gates）、席捲全球的臉書創辦人馬克·佐克柏（Mark Zuckerberg）、優衣庫（UNIQLO）創辦人柳井正、軟體銀行（Soft Bank）創辦人孫正義、樂天集團的三木谷浩史，他們都是新興產業創辦人，並且透過事業經營創造巨額財富。

此外，華倫·巴菲特（Warren Buffett）、吉姆·羅傑斯（Jim Rogers），以及與羅傑斯曾是量子基金創辦合夥人的喬治·索羅斯（George Soros），都是聞名全球的資產家。不過，這些人的財富並非源自事業，而是透過「投資」得以日進斗金。

儘管財富來源不同，這些人士卻有個共同點，就是**透過智慧累積財富**。創立前所未見新興產業的智慧、發現有未來性的市場，於適當時機買進與賣出的智慧，正是這些人的財富泉源。

如果想累積資產，必須擁有同等的智慧。換言之，正在閱讀本書的您只要擅用智慧，想擁有巨額財富，並非天方夜譚。

雖然這麼說，但還是有人覺得「自己辦不到」而躊躇不前吧。像這樣一開始就放棄的人，一定是把智慧這兩個字的定義看得太艱深了。

我所謂的智慧，是指「知識」（Knoledge）與「訣竅」（Know-how）。

以我來看，**「知識」指的就是「歷史」**，**「訣竅」則是指「前瞻力」**。

不過，就算我說「知識＝歷史」，各位可能還是沒有任何頭緒。

我們總是說：「歷史就是一連串的循環」，從古老的時代開始，人類就是在永無止盡的圈圈裡，一直重複發生相同的事。

因此，只要回顧歷史，鎖定相似局勢的話，就能預見當前情況的結果。

那些原本一無所有但最終成爲富人的人們，就是知道這個道理，才能夠每次都當機立斷，享受成功的果實。

學習歷史，就能預測未來？

至於「訣竅（前瞻力）」，就是活用知識的方法。

如果只有知識，就跟學者一樣，往往會流於「紙上談兵」，始終無法創造出資產的果實。

重點在於**「活用知識（回顧歷史），預見未來」**。

前面所列舉的富人們，因爲能夠準確預測哪個產業絕對有未來性，或是最近哪支股票的股價一定會上漲，才可以擠進富人之列。

他們之所以能夠準確預測未來，正是因爲他們確實掌握了過去。也就是說，他們都懂得深入鑽研「歷史」。

每個人心裡都期許擁有富足充實的未來，如果沒有很多錢，不可能達到目標。也就是說，每個人都懷抱著想要成為有錢人的願望。

因此，我把本書當成教導各位成為有錢人的教科書，想告訴各位學習歷史的重要性。

我希望大家知道**「正確學習歷史，自然就能累積財富」**的道理。

在此所提的歷史研讀，跟學校歷史課所學的不同。

不是叫你記住年號或正確寫出歷史人物的全名，而是應該學習比這些還要重要的學問。

有錢人與一般人的差別在於，他們很清楚要如何向歷史借鏡，讓自己獲得啟示。換言之，當您也學會這項訣竅，就有可能成為有錢人。

從現在開始本書的內容就是要傳授各位學習歷史的訣竅，讓自己成為有錢人。

在此先總整理一下，重點就是「能夠準確預測未來的人，才能讓財富增加。」

還有，**「若能從歷史獲得教訓，就能預測未來。」**

可是，因爲人類歷史太悠久，這將成爲學習的阻礙。關鍵就在於要知道該鎖定歷史的哪個部分，而且是否能從中得到教訓或啟示。

國中或高中的歷史是以原始時代爲出發點，這與要累積財富，學習「知識」和「訣竅」的出發點截然不同。

您不需要知道什麼是豎穴式住居，應該著眼於與你更接近的其他時代所發生的事件經過。首先您要知道，國度或地區不同，觀點就會有著極大的差異。

前情說明就到此爲止，接下來我將具體闡述投資專家是如何看待歷史，以及如何活用歷史的方法。

人，總是在追求安全感

當您回顧歷史，資金流動的途徑自然會清楚呈現。

在此不談日常生活所需的金錢，基本上，錢總是會朝最有希望的市場流動。不論是哪個時代或局勢，多數人的期望都是一致的，所以每個人都會把資金送到有希望的地方。

這時候的重點就是，基於什麼樣的觀點認爲該地區是有希望的市場。要從兩個正好相反的觀點來判斷。

其中的一個觀點爲「安全性」，另一個觀點是「致富性」。

很遺憾，我們無法同時追求這兩項東西。

期待高獲利，自然風險就高。

相反地，如果不想承擔風險，獲利當然少。

我們確實偶爾也會聽到高安全性、高獲利的投資故事。但我認爲這些絕對是詐欺無誤。

世上如果眞有這麼好的事，應該每個人都是有錢人。

總之，**自從世間有了錢這個東西，人們就是為了追求安全性或致富性，來決定手上資金的走向**。

換句話說，人們會因局勢而改變心態，有時候是以安全第一，有時候是以獲利爲最優先考量。

回顧長久歷史的過程，就能確認上述的變遷情況，再對照最近發生的時事，您應該也會大力贊同我的話。

金 錢 流 向

從古代到現代

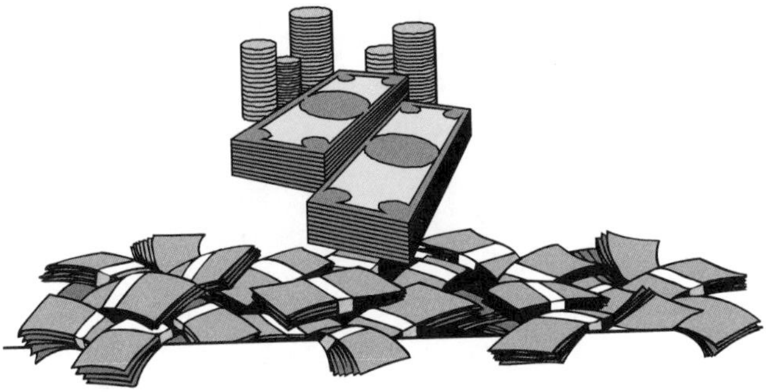

世界的資金

①安全性	②致富性
無風險、獲利少	有風險、獲利高

重點

人們總是在安全性與致富性兩個條件中抉擇

承擔風險的富人、不承擔風險的窮人

在此舉個例子，二〇〇九年十月希臘政權交替之際，才發現一直以來為了粉飾財政赤字真相，該國所公布的財政數據都是假的。

因為這件事東窗事發，才開始發現以南歐地區為主的其他歐盟會員國也面臨嚴重的債務危機，像是葡萄牙、愛爾蘭、義大利、希臘、西班牙，於是取這些國家英文名稱的第一個字母，簡稱為PIIGS，稱這些國家為「歐豬五國」。

而在這個事件發生的前一年，也就是二〇〇八年九月，美國大宗投資銀行雷曼兄弟破產（Lehman Brothers Shock），引爆了全球性金融危機，全球經濟陷入一片愁雲慘霧。

同時，日本國內由民主黨執政（二〇〇九年九月～二〇一二年十二月），執政黨違背人民的期待，景氣開始走向低迷。

在這樣對於未來充滿不安全感的氛圍下，人們不會想要承擔風險，一味追求高獲利。自然以確保安全性爲最優先考量，現實生活中這樣的心態更是明顯。

應該有不少讀者仍記憶猶新，當時新聞報導常可聽到「避險」（Risk Off）兩個字。用如此簡潔的名詞，來表示當時人們的投資行爲心態「閃避風險，安全第一」。

後來，全球實施了前所未見的大規模金融寬鬆政策，在美國的主導下，全球經濟隨著時間的經過，也漸漸出現復甦景象。

另一方面，日本在民主黨執政時期，發生了東北大地震及核能意外，當時的情況眞的是「屋漏偏逢連夜雨」，禍不單行。

不過，二〇一二年十一月日本當時的首相野田佳彥宣布解散國會，舉行大選，將政權交替給自民黨的同時，日本國內的氛圍出現大轉變。擔任自民黨黨魁的安倍晉三發表「安倍經濟學」（Abenomics）的刺激經濟政策，並宣誓絕對要擺脫通貨緊縮的景氣。

人們對於出現曙光的未來，開始抱持著高度的期待。於是，對景氣嗅覺敏銳的人率先投入股票市場，在決定解散國會、舉行大選的消息發布後，股市馬上上揚。一直以來對股市漠不關心的人也應該對被稱爲「安倍行情」的股市大漲事件印象深刻。

於是，人們想「積極承擔風險，追求高獲利」的「擔險」（Risk On）投資心態越來越顯著。

過去到未來，走勢一致的資金動向

在此先做個整理，資金會根據情勢，朝追求安全性或追求致富性的路徑移動。

那麼，具體的資金動向又是什麼樣的情況呢？

資金大致會朝三個管道移動。

第一個就是**「現金存款」**。

在日本，會把錢存銀行或郵局的人壓倒性地多。可是，一九九七年至一九九八年左右，日本因為泡沫經濟崩盤，導致金融機構所持有的不良債權處理陷入困境，陸續有金融機構破產倒閉。

所謂金融體系不穩定的問題日益嚴重，人們怕銀行倒閉，存的錢拿不回來，紛紛把錢存在家裡，「衣櫥存款」的現象愈來愈普遍。

大家都知道，泡沫經濟崩盤後開始實施的金融寬鬆政策迄今依舊繼續實施，因此導致存款利息幾近為零。而衣櫥存款的利息當然是零。

雖然衣櫥存款沒有利息，但把錢擺在身邊的話，想用隨時都拿得出來，非常方便，因此就如前述，當局勢愈不安，就會有愈多人選擇把存款留在身邊。

第二個資金流管道為**「國債」**。國債就是國家發行的債券。債券是類似借據的東西，買了債券，就會在指定的日期還你本金，還能收到禮物——利息。

換言之，購買國債，就等於你借錢給國家。

相較於一般企業的債券，國家會破產的風險極低（尤其是已開發國家），偏好安全性投資的人，會選擇購買國債。

因此，在重視安全性的景氣氛圍下，資金明顯會流向能夠避險的國債市場。這就是所謂的「避險」資金流向。

第三個管道就是氛圍正好相反的**「股市」**，當人們對於景氣樂觀，想追求獲利時，就會選擇投資股市。

就算存款利率上升，與股價上漲所得的獲利相比，根本就是小巫見大巫。

然而相對地，將股價下跌，損失也會非常慘重，如果不是上漲力道強勁，「追險」局勢砥定的話，資金並不會大量流向股市。

還有第四個管道，相較於上述三個管道，這個管道就是配角的角色。這個管道就是由原油、黃金、農作物等組成的**「商品期貨」**（Commodity）市場。

因爲新興國家經濟成長之故，大家認爲需求量會擴增，在二〇〇八年左右，原油價格來到歷史高點。

雖然後來因爲雷曼事件，導致原油價格暴跌，但還是再度逼近高價。後來因爲新興國家經濟成長遲緩，反而暴跌。

另一方面，黃金被視爲實物資產，具有全球共通價值，尤其當未來景氣不明時，黃金更受歡迎。因此，黃金價格持續上漲至二〇一三年左右，創下歷史高價。

如前所述，商品期貨市場的走勢比較獨特，常被當成替代投資標的（三個投資標的的代替對象）。

一直以來，散戶投資人對於商品期貨市場不是很熟悉，但是最近已推出指數與黃金或原油價格連動的ETF（指數股票型基金）商品，一般人都可以輕易投資。

資金的三個流向

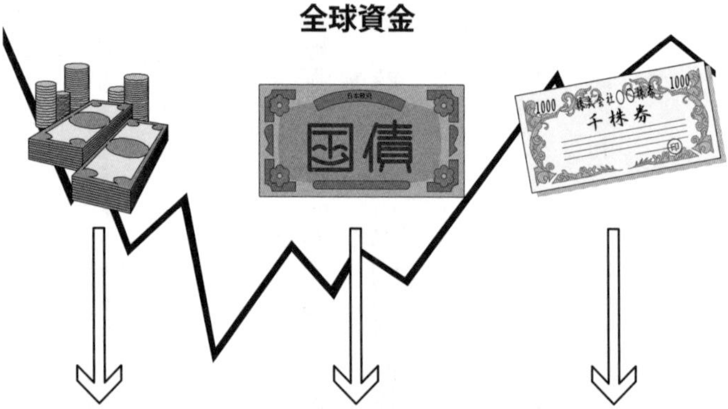

①現金（存款、儲蓄）

零利息（或低利息）、馬上可用、安全性高

②國債（國家發行的債券）

國家破產風險低（尤其是已開發國家）

③股市

股價上漲可能有高獲利，但是股價下跌的風險也高

重點

自己選擇是否要承擔風險

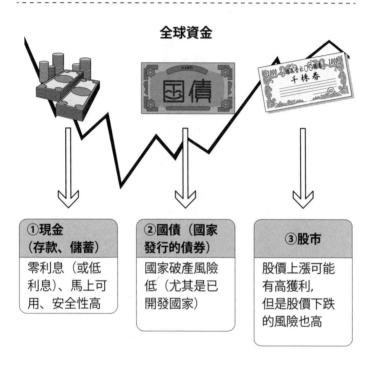

十字軍遠征的餘波延續至二十一世紀

容我再說明一次，當人們處於「避險」氛圍中，就會渴求安全感；當氛圍轉變爲「追險」時，就會積極追求獲利。

事實上，**當我們回顧歷史時，就會發現，每個時代都是在「避險、追險」中徘徊**。

譬如，最近以伊斯蘭國爲首的伊斯蘭激進派恐怖活動，威脅著國際社會安全，現在就試著回顧堪稱是事件導火線根源的歷史事件。

從結果來看，伊斯蘭激進派視歐美各國（基督教徒）爲眼中釘。「十字軍東征」可說是造成兩者對立的決定性事件。

國高中的歷史課本有提到，十一世紀後期至十三世紀後期，西歐各國爲了從伊斯蘭國家手中搶回被奪走的基督教聖地耶路撒冷，數次派遣軍隊遠征。

耶穌死後，長達一千年的時間，基督教聖地被異教徒所佔領。在這樣的局勢下，伊斯蘭王朝戰勝東羅馬帝國（拜占庭帝國），屢次發生東羅馬帝國皇帝遭虜的事件。

戰敗的東羅馬帝國向西歐各國求援，後來，基督教徒好幾次打著十字軍的名號，進攻伊斯蘭王朝。因爲本書不是歷史課本，不會提及戰爭經過及結果。

在此希望大家思考的問題是，當牽涉了好幾個國家，武力式的宗教對立情勢檯面化後，世界局勢會出現什麼樣的景況？以現代語言形容，應該是**「地政學風險高漲的狀態」**。

其實，所謂「私人銀行」（Private banking）的金融服務業之起源，要追溯至十字軍東征的時代。當時爲了因應赴戰場的騎士們需求，以瑞士爲中心，各地都有了私人銀行的服務。

聽到「私人銀行」四個字，應該多數讀者都會認爲這是以有錢人爲對象的金融服務業。私人銀行確實會給有錢人優惠，不過，跟致富性完全扯不上關係。

「私人銀行」最重要的任務是「保全」資產。騎士們因爲遠征之故，會長期不在家。所以需要有人在騎士們不在家的期間代爲保全他們的資產，才有「私人銀行」的誕生。

也就是說，當時許多人在意的是資金的安全性。在宗教武力抗爭氣勢高漲的情況下，安全性當然優於致富性。

原本在歐洲就有負責保管貴族資產的行業存在。後來因爲十字軍遠征的機緣，才將這項服務擴及至騎士階級，連帶地確立了「私人銀行」的業務服務項目。

十字軍遠征結束後，在歐洲地區各國仍是繼續對立戰爭，這段期間的金融服務需求當然還是以保全（安全性）爲主。

所以，歷史的時代趨勢與「避險．追險」的走向脫離不了關係，只要明白這個道理，就可以更深入掌握當時的時代趨勢。

一九八五年，日本經濟開始停滯

一九八五年，發生了名為「廣場協議」（Plaza Accord）的重要事件。該年九月，美國於紐約市中心曼哈頓的中央公園旁廣場飯店舉行G5高峰會（五大工業國的領導人、央行總裁會議）。

五個先進國家是美國、英國、法國、西德（當時東西德尚未統一）、日本。在當時進行了對於後來的日本及世界經濟造成重大影響的重要協議。

據說，事前五國就已經針對協議內容達成共識，會議馬上就結束了。

簡單地說，廣場協議是一份與「安定匯率」有關的協議。

當時美國總統是雷根，面臨國際貿易赤字與財政赤字的「雙胞胎赤字」問題。為了解決通貨膨脹，實施升息的金融緊縮政策，全球資金被高利率所吸引，紛紛流入美國，導致美元升值，貿易赤字問題更是雪上加霜。

何謂廣場協議？

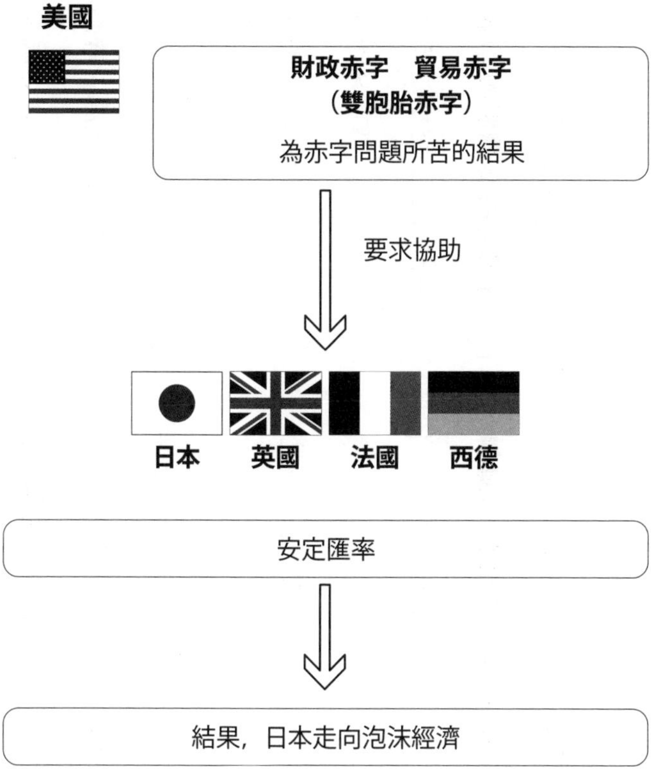
美國
財政赤字　貿易赤字
（雙胞胎赤字）
為赤字問題所苦的結果
要求協助
日本
英國
法國
西德
安定匯率
結果，日本走向泡沫經濟

美國解決了通貨膨脹問題後，決定轉爲實施降息的金融政策，雖然利率的紅利因素喪失，卻導致後來美元升貶情況紊亂，造成匯市一片混亂。

因爲美國實在受不了這般的亂局，決定邀請其他四個先進國家進行協議。

到底美國向其他四國要求了什麼事？就是要求其他四國推出適當的金融政策，讓美元貶值。

可是，雖然簽定協議，西德卻完全不配合，因爲各國步調不一致，導致一九八七年美股大暴跌。

這就是歷史知名的「黑色星期一」（Black Monday）事件。

而忠誠遵守對美國承諾的日本，一場不尋常的苦難與「悲慘結局」正拉開序幕。在匯市，美元持續貶值，日圓也不停升值，因爲這樣的情勢，讓日本陷入嚴重的不景氣之中。

日本打算以金融寬鬆政策度過這場難關，雖然景氣回升，卻受到黑色星期一的波及，日本銀行轉而實施金融緊縮政策，日本完全處於挨打的局面。

後來情況如何，就如大家所知，過剩的資金大舉流進股市及房市，泡沫經濟愈來愈膨脹，到了一九九〇年，就像被針刺破的氣球，泡沫經濟崩盤了。

可以說，那個時代的人們都在追求致富性的投資。

但是，我之所以將焦點鎖定在一九八五年，有其他更重要的理由。

那一年在日本國內，有一本名爲《知價革命──工業社會結束，知價社會開始》（書名暫譯、PHP研究所出版）的書大賣。

作者大膽預測全世界及日本即將迎接全新的社會型態，內容相當震撼，書中提及，今後的社會型態不是現今社會的延續，而會朝「後工業社會」邁進，出現前所未有的全新社會型態。

新社會型態就是「知價社會」。**未來將是個以人類智慧所賦予的附加價值來決定商品或勞務價格的社會。**

能在一九八五年就準確預測未來的趨勢，大家都會認為作者絕非等閒之輩。的確，作者堺屋太一曾經擔任通商產業省官員，以及小渕內閣、森內閣經濟企畫廳長。

以智慧決定價格，因智慧而擁有高價，最佳的說明例子當屬名牌商品。就算成本一樣，有無品牌力（智慧），都會讓價格有著天差地別。

更讓人意外的是，比這本書還早出版，於一九八一年出版的小說《總覺得是水晶》（書名暫譯，田中康夫著、河出書房新社出版）也成為暢銷書。小說主角是一位居住於東京，兼職當模特兒的女大學生，書中內容列出當時流行的品牌和餐廳，因而造成話題。從內容也能讓人預見在泡沫經濟時代，將會吹起一股名牌風潮。

我個人覺得《總覺得是水晶》所描述的社會風潮頗具前瞻性。《總覺得是水晶》與《知價革命》看似毫無關聯的兩部作品，內容卻都預見未來會吹起名牌風潮，讓我覺得兩部作品的架構很有相似性。

總之，確實如堺屋先生所預言，「知價社會」已經到來，我們是否更應該好好思考下一步該如何發展呢？

新價值觀成為常識

二次大戰後，因戰爭而變得滿目瘡痍的日本憑著不屈不撓的精神重生，創造驚人的經濟成長佳績，朝製造王國之路邁進，成爲世界第二大經濟體。

可是，沒多久全球產業趨勢從製造工業轉型爲軟體時代。

也因此，讓每個人的價值觀跟以前大不相同。

所以，爲了讓世人知道價值觀已有了那樣的轉變，才會有《總覺得是水晶》這本小說的誕生吧！

不好意思，我又舉古老的小說爲例，現在的價值觀已經跟《金色夜叉》（明治時代作家尾崎紅葉的小說作品）受歡迎的時代截然不同。

堺屋先生的《知價革命》一書將這樣的價值觀改變給予體系化的總整理。在工業化社會，投資買進索尼、豐田汽車、Panasonic（當時是松下電器產業）等股票的人都賺了很多錢。

然而，現在除了在世界上依舊保有高度競爭力的豐田汽車，以前曾是工業化社會的龍頭產業全都凋零了。

在零件、原料產業中，仍有不少企業擁有高度的全球市佔率，但是這些產業生產的產品全被用於以iPhone爲代表、象徵「知價社會」的商品上，所以才能繼續在市場擁有一席之地。

前面我已提過，「知價社會」也將朝下一個階段邁進，到底接下來全球會是什麼樣的趨勢呢？找出這個問題的答案，正是本書的主題。

如果能洞悉時代所追求的新價值觀為何，並將資金投入相關產業，就能創造高

獲利。換言之，如果你也能盡快察覺到趨勢的變化，就能成爲有錢人。

或許你會這麼想——

「如果能比別人更早察覺趨勢的變化，大家就不用這麼辛苦賺錢了。」

如果你是這樣的先入爲主想法，請回想本章節最前面的內容。

我一再強調「活用知識（回顧歷史），預見未來」的重要性。

總之，過去的歷史中隱藏著解讀未來價値觀的演變之鑰。

那麼，在沒有盡頭的人類歷史中，我們該鎖定焦點於什麼樣的局勢呢？

在此，先告訴各位回顧歷史的竅門。**在漫長歷史中，最該注重有創造新財富的人才出現的時代**。

我們常聽人家說「百年一次技術革新」或「百年一次大危機」，其實當那個時間點到來的時候，其中一定隱藏著陷阱或機會。

一九九〇年代末期，可以說「資訊科技革命改變了全世界」。資訊科學確實讓我們的生活更進化，但是過度瘋狂的迷戀也是不爭的事實。

資訊科學技術讓我們可以無時差地因應各種需求，之前爲庫存滯銷煩惱的企業不再有經營不振的危險，所謂的景氣循環也不復存在（或者說，不景氣不再造訪）。還有人稱這樣的時代爲「新經濟時代」，疾呼新經濟時代確實已經到來。

可是，這一切不過是妄想，後來資訊產業泡沫崩盤，企業爲了處理庫存忙得焦頭爛額，許多在那個時代曇花一現的「不成氣候的資訊業」就這樣被淘汰了。

這宛如隱藏在歷史大躍進趨勢下的陷阱。

相對地，重大危機發生後，必有大機會降臨。

接下來，將舉具體案例加以說明。

恐慌與危機就是機會

一九九七年發生亞洲金融危機，翌年發生俄羅斯金融危機，而在同一時間，日本國內金融體系也變得不穩，回顧人類歷史，有好幾次都面臨嚴重的難關。

再往前回溯，一九八七年發生讓全球股市大崩盤的黑色星期一事件，一九二九年發生讓全球大恐慌的經濟大蕭條事件。

在這些事件當中，二〇〇八年九月爆發的雷曼兄弟事件，可說是人類史上影響力超級大的嚴重金融事件。

翌年，歐洲各國的債務危機問題之所以檯面化，雷曼兄弟控股集團的破產導致美國房市泡沫崩盤算是關鍵性因素。就如本章節所言，雷曼事件是引爆一連串金融危機的火苗，讓希臘政府一直掩飾財政赤字的謊言露出馬腳。

可是，讓其他歐洲各國也陷入經濟危機的兇手不是只限美國的房市泡沫，歐豬五國的房市也泡沫化，而且陸續泡沫崩盤。

譬如義大利或西班牙高級度假區的豪華別墅以市場行情的一半或三分之一以下拋售，房市價格陷入一片混亂。

總而言之，歐洲不動產市場的買家突然消失不見了。

因此，歐洲大國的作法與快速且大膽推出對策的美國截然不同，依舊實施前所未見的大幅金融寬鬆政策。

迄今依舊深受雷曼事件的後遺症之苦。

然而，面對這樣的金融危機，如果只是一味地畏懼或感嘆，一點意義也沒有。許多歷史上功成名就的人，反而把這樣的壞局勢當成讓自己更進一步的跳板。

其實，**金融危機的規模愈大，大好機會降臨的機率愈高**。在一面哀嚎的悲觀氛圍下，幾乎所有人都錯失了良機。

如果你跟其他多數人一樣，被嚇到臉色蒼白，只是旁觀的話，當然永遠無法成爲有錢人。

如果能洞察時機，在雷曼事件發生後跌至谷底的股市開始翻身的二〇〇九年加入投資行列，每個人都能擁有財富。

想必有不少人會這麼說：「在景氣一片慘綠的情況下，根本不會想到那就是最好的機會。」

我一再提醒各位，只要好好學習歷史，一定知道何時是好機會。

如果能在一九八七年黑色星期一事件後，立刻低價買進股票，在日經指數於一九八九年底漲至歷史最高點的四萬點這段期間，股價可是一直連續上漲。

今後也會出現各種恐慌事件或危機，在這些事件的背後絕對隱藏著大好機會。

如果你想成爲有錢人，要從歷史學到教訓，千萬不要錯失良機。

典範轉移（Paradigm Shift）

從第二章開始，將依區域別，帶領大家一起檢證世界歷史。

迄今所發生的無數事件當中，特別應該留意的是，如同前一頁所提及的危機事件，都是足以震撼世間的重大事件或潮流。

回顧這些事件的同時，也再次見證股市至今的漲跌經過。

每當有事件發生，股市會有何反應？瞭解與過往事蹟有關的「知識（歷史）」，自然就能學習到「訣竅（前瞻性）＝活用知識的方法」。

於是，**你就能學習到讓你成為有錢人的智慧（知識與訣竅），迎接不同於昨日的嶄新明天**。

比雷曼事件更嚴重的歷史大事爲**「東西冷戰結構的瓦解」**，詳細情形會於歐洲歷史單元詳述。

一九八九年十一月，象徵冷戰局勢的柏林圍牆終於倒塌，翌年十月東西德統一的宏願終於實現。

接著在一九九一年年底，蘇聯解體，原屬於蘇聯的加盟共和國獨立，民主化更往前邁出一步。

因此，第二次世界大戰結束後建立的漫長冷戰時代完全瓦解。

這樣的變化可說是「典範轉移」（注一）規模的巨變。

當那個時代一直被視為常識的事物突然陳腐化，導致整個社會的規範或價值觀等事物有了巨大改變，這樣的現象就叫做「典範轉移」。

原本二分的世界突然合而為一，還加速朝全球化之路邁進。

人、金錢、物品都可以無邊界往來運輸，隨著各個國家的經濟開放，展開全球

化合作的模式，以全球為規模、與產業或文化有關的活動也紛紛展開。現代人認爲這樣的現象爲極其理所當然之事，但在冷戰時代，萬萬想不到世界局勢會有這般的巨大改變。

當這樣的典範轉移現象發生之際，日本國內也面臨巨大改變。在冷戰時代，日本身爲西方陣營的夥伴，國內經濟有了顯著的發展，處於通貨膨脹（物價上漲）的時期。

可是，當冷戰結束後，日本國內最明顯的改變就是景氣變成通貨緊縮（物價下跌）。通常通貨膨脹會讓經濟活動擴增，通貨緊縮則是相對的局勢，人民的生活愈來愈窮困。

商品滯銷，所以降價；企業獲利減少，決定不加薪。更慘的是，因爲不景氣，企業開始砍加班費。於是，民衆只好更加看緊荷包，結果商品賣不出去，價格愈加滑落——於是，景氣陷入惡性循環，經濟活動範圍縮小，這就是通貨緊縮的可怕。

這次為了改善通貨緊縮的景氣，實施了安倍經濟政策。可是，在冷戰結束的時代，日本景氣理所當然是通貨緊縮。直接的原因在於害怕通貨膨脹擴張的日本銀行，突然實施金融緊縮政策。

於是，不費吹灰之力，泡沫經濟崩盤，景氣突然失控，後來整個日本陷入名為「失落的二十年」的長期經濟成長低迷期之窘境。

在泡沫經濟時代，四處流傳銀行不會倒閉的神話，大家都相信「擁有土地和股票就能上天堂」，連位於日本列島邊陲地帶的不動產都有人買，後來這般榮景都成為古老的傳說。

另一方面，冷戰時代的結束也是導致日本景氣走向緊縮的間接因素。

經濟活動變得更加全球化，在勞工成本比日本低廉的新興國家所生產的廉價商品也開始向日本國內傾銷。

於是，當全世界出現典範轉移現象時，日本國內也發生許多面臨巨大轉變的事件。

學習歷史，就能清楚掌握這樣的景氣循環週期。

※（注一）美國的科學哲學家湯姆斯．庫恩（Thomas Kuhn）最早提出「典範轉移」這個名詞。他在著作《科學的革命》提及典範的定義如下：「在科學發展史，固定某一階段的某些定律是被深信不疑，且作為知識的基準，這就是典範。但透過科技的發展，過去的典範已經無法解釋新現象的發生，於是科學家必須找出替代的典範，這就是典範轉移。」

失落的20年

廣場協議

房市・股市高漲 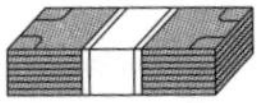

金融緊縮 

↓

泡沫經濟

↓

泡末經濟崩盤

↓

持續至今

萬古不變的事實

「萬物流轉」。

這是古希臘哲學家赫拉克雷伊特斯（Herakleitos）所提倡的理論，後來柏拉圖也引用了這個理論。筆者在此稍加補充，意思就是世間萬物不停地在改變。

可是，萬物之變化並非是不規則的模式，多數情況是依循固定的週期在流轉，不斷重複過去的情況。

本書列出三個各位必須留意的週期循環重點。

1. **歷史週期**
2. **政治經濟週期**
3. **市場行情週期**

其中的政治是指政策變遷，經濟是指景氣變遷。

另一方面，關於市場行情，股票、債券、商品期貨等市場的週期變遷，基本上是大同小異。

然而，基本上週期變遷是非常簡單的現象，好比漲潮與退潮。舉景氣爲例，就是以「擴張→衰退→停滯→恢復→擴張→衰退……」的週期循環著。

那麼，爲什麼會出現這樣的「流轉」現象？

首先，在景氣擴張時期，生產力活化，就會大量生產，但一旦供過於求，就會導致庫存量增加。

然後，大家都注意到了這個現象，就會想抑制生產量，解決供給過度的問題。

而且，這樣的局勢改變不是只影響過度生產的商品，也會波及爲了生產商品而雇用的員工。

於是，經濟活動停滯及失業者增加，導致景氣邁向衰退週期。

原本在不景氣的時候，人們爲了從逆境中找出活路，通常都會進行技術革新或有新產業型態誕生。這樣的情況就會帶動下一波的景氣恢復與擴張。

另一方面，每逢**三年**、**七年**、**二十年**、**六十年**的週期，對於景氣或市場行情的變動更需要多加關注。

譬如，在本人拙著中，屢屢提及一九八九年底日經指數漲至史上最高點這件事，指數上漲的起點爲一九八二年，上漲時期長達七年時間。

接著，泡沫經濟崩盤後，股價無止境地下跌，然而在二〇〇九年三月十日這天，終於止跌，這樣的跌勢持續了大約二十年。

景氣就像這樣，以一定的週期反覆循環。

基於這個觀點，我總是把一九八九年十二月視爲重要的轉捩點。

我持續留意著，現在這個階段距離那個轉捩點是幾年了。

因此，事先設想二十年後的二〇〇九年會是個重要年份，結果就在前一年發生雷曼事件，讓我更確信這個方法。

就算說一定會發生也不爲過，市場的重大轉捩點會如前述的週期循環，有一天一定到來。

請各位務必牢記這一點。

在投資的世界，稱這樣的週期循環爲「波動」。

本書最後將以波動論爲依據，嘗試預測今後的市場走向。

預測未來　向改革投資！

二〇一四年十二月，法國經濟學家托瑪・皮凱提（Thomas Piketty）的著作《二十一世紀資本論》（*Le Capital XIe Seicle*）問世，相當暢銷。

皮凱提是位經濟不平等論專家，這部作品主要論述內容也是差距論。

他調查了世界各國的薪資與財富的推移狀況，有了革命性的發現。以簡潔的數字公式，說明發現的結果。

G ＜ R

G就是「Growth」（成長），指經濟成長率，也可以說是工作所得的成長率。

相對地，R就是「Return」（獲利），是投資股票或不動產所得的獲利率。

我以自己的方式更簡單且直接地說明如下。

投資獲利 > 薪資所得

簡單地說就是，就算汗水淋漓地工作，也不及投資獲利多。

皮凱提小心翼翼地檢證過去的歷史，發現投資獲利總是比薪資所得大。

所以皮凱提提出這個理論，**只有擁有可投資資金的人，才能夠讓自己的資產增加；沒有這筆資金的人，就算賣命工作也無法讓資產變多，資產主義愈發展，只會會讓貧富差距更擴大。**

然而，我認爲如果皮凱提先生能不怕被誤解，說得更直接坦白的話更好。「皮凱提先生，爲何現在才提出如此理所當然的理論？」——這才是我眞正的心聲。

因爲有機會得到付出勞力所得無法比擬的高獲利，於是大家便決定承擔風險，大膽投資。

這種人與完全不願承擔風險的人會有財富的差距，可以說是理所當然的結果。像我這種在金融業最前線工作過的人，都明白這個道理，這根本就是常識。不過，對於只坐在桌前觀察事象的學者而言，或許會認爲是個相當意外的眞相。

在皮凱提提出這個理所當然的事實之前，一直爲大家所深信的經濟學常識本來就是極度不合理。最讓人驚訝的莫過於「發展資本主義，貧富差距會縮小」的論述。

之所以會有這樣的論述，應該是因爲進入二十世紀後的數十年期間都是這樣的傾向。然而，這根本不是深入觀察後得到的結果，只是剛好抓到一個點，便將眼前所見視爲理所當然罷了。

因此，當皮凱提仔細檢證後，才終於發現以前的論述是錯的。

不過，我認爲皮凱提對於爲何投資能創造出比薪資所得高好幾倍財富的理由，並不是非常理解。

因爲創造最佳財富結果的投資家會買新興產業的股票。投資家期待這樣的企業改變世界，透過購買該企業股票的行爲，等於自己出資創業（資本參與）。

總而言之，**投資家就是讓世界改革創新的推手**。如前所述，在不景氣的時候，往往容易有所改革創新，改革創新後將世上多餘的東西消除，再創立新的需求。

許多人都在尚未察覺創新轉捩點將到來的時間點投入資金，想要創造高獲利當然很難。

當期待落空時，恐怕投入的資金會化爲烏有。

因此，準確預測時，理所當然就能讓獲利變大。

關於這一點，我認爲富蘭克林・艾倫（Franklin Allen）與格林・亞戈（Glenn Yago）合著的作品《爲未來融資：基於市場的增長創新》（*Financing the Future：MARKET-BASED INNOVATION FOR GROWTH*），值得參考。

對於以雷曼事件爲首的多個金融危機事件，大家認爲是金融產業龐大化造成的結果，然而該書卻提出完全相反的論述。

就如書中所言，我也認爲金融產業是爲了實現「更美好社會」的動力引擎。爲了達到目的，身爲投資者的我們，從現在起應該要更快提起勇氣，拿出資金投資創新產業。

CHAPTER II

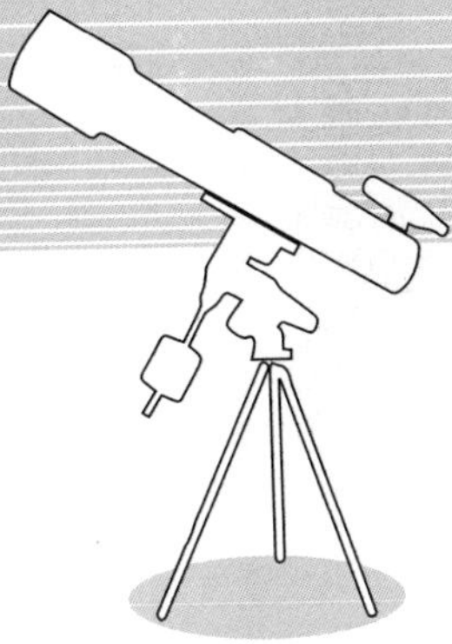

從中國歷史看未來

中國的轉捩點年表

西元前6000年左右
黃河文明

西元前1600年左右
商朝

歷經許多國家興亡，從春秋、戰國時代、秦朝、西漢、東漢、三國時代，到隋朝、唐朝、宋朝、元朝、明朝、清朝，經過異民族入侵及列強各國的懷柔侵略，最後創立中華民國。

1912年　中華民國

1937年　中日戰爭

1941年　太平洋戰爭

1949年　中華人民共和國

1966年　文化大革命

1973年　四人幫崛起

1976年　五四運動（第一次天安門事件）四人幫失勢

1977年　鄧小平再起

1978年　改革開放

1989年　六四天安門事件（第二次天安門事件）

1997年　鄧小平去世

一千年前起，人類即重複做相同的事

那麼，現在終於要開始回顧各地區的歷史，爲了「預測未來」，讓我們一起來尋找線索。

當你察覺到人類總是一直重複做相同的事，那麼你便能夠預測未來。

當你能夠預測明日之事，你就擁有比其他人更多的機會。因爲遠自一千年前，人們的行爲模式就沒有改變過，要成功預測未來絕非不可能。

儘管如此，許多人還是對於報紙報導或電視新聞囫圇吞棗。因爲這些消息都不準確，最後變得沒有人能夠預見未來。

很遺憾，只憑眼前擁有的資訊就想預測未來，根本是緣木求魚。因爲答案不會離你這麼近。

檢視歷史，才能從過去的時代中找出「預測未來」的線索。

有時候必須回溯至極爲遙遠的從前。

因此，本書的第一個焦點地區就鎖定爲「中國歷史」。

從考古學證實存在的商朝開始算起，迄今中國擁有四千年歷史；如果神話傳說中的黃帝也眞實存在的話，中國歷史將長達五千年。

中國歷史歷經好幾個王朝興亡，後來有段時間爲各國列強所侵略蹂躪，第二次世界大戰結束後，由共產黨掌握政權至今。

如果回顧如蜿蜒黃河般、重複相同模式的中國歷史足跡，將會發現好幾個足以解讀未來的啟示。

不過，在中國歷史中，最該關注的是，**長期冬眠的獅子張開眼醒來的那一刻**。

自共產黨執政以後，中國並沒有立即的改變。

提到中國，大家的印象就是每個人都穿著中山裝、以腳踏車代步，街道全被腳踏車佔據。

這樣的景象並不是很久以前的事，在不久前都是這樣的景象。

中國是從何時開始大轉變呢？爲了探討這個答案，本章將焦點鎖定於這個重點。

一九七八年「改革開放」是改變的起點

就結論而言，中國崛起的始點正是一九七八年鄧小平發表「改革開放」經濟政策之時。

在闡述這項政策內容之前，先簡單說明鄧小平這位人物。

鄧小平是位苦讀的學生，至巴黎留學後，參加抗日戰爭（中日戰爭），一九五六年擔任中國共產黨政治局常務委員兼總書記的要職。

可是，他也因「文化大革命」及「四五運動」而二度失勢。

其中的「文化大革命」時期發生的事，根本與其名反其道而行，詳情會後述。

「四五運動」與一九八九年六月四日發生的「六四天安門事件」，兩者是截然不同的事件。後者又稱爲「第二次天安門事件」，當然鄧小平是站在鎮壓遊行示威的一方。

讓鄧小平被流放的「四五運動」是一九七六年四月五日發生於天安門廣場的事件。

該年一月，從中華人民共和國建國之初（一九四九年十月一日）即擔任政務院總理、國務院總理等職務的周恩來去世，人民爲了追悼他，於天安門廣場擺置花籃。

結果北京市政府下令撤掉花籃，激怒了仰慕周恩來的民眾，最後演變爲示威事件。

其實中國共產黨借「文化大革命」之名鎮壓人民，早就引起當時的中國人民不滿，有志之士及學生們就利用這個機會，發起示威遊行活動，要求民主化。

結果，中國政府傾全力鎮壓，引起大暴動，鄧小平遭到究責，最後卸除所有職務。

關鍵人物：鄧小平

（1904～1997）
文化大革命期間失勢，又重掌政權，1983 年，成為國家中央軍事委員會主席。
設置經濟特區、解散人民公社、嘗試積極引進國外資金。
又推動農業、工業、國防、科學技術的「四個近代化」，建立現代中國的基礎。

其實是與「文化大革命」淵源甚深的四人幫捏造事實、陷害鄧小平，關於四人幫的事蹟會於後述。

後來鄧小平於一九七七年奇蹟似地再度崛起，一九八三年登上國家中央軍事委員會主席之位。後來，他一直以實質的最高領導人之姿統治中國，他的政策焦點就是「改革開放」。

就某個層面來看，鄧小平的改革開放政策與安倍政權的安倍經濟政策第三支箭（喚起民間投資的成長策略）有異曲同工之妙。

首先列舉幾個重要措施，**設置經濟特區、解散人民公社、積極引進國外資本等等……**。

鄧小平的目標是農業、工業、國防、科學技術的「四個現代化」。可以說，將毛澤東時代開始的歷史方向予以轉向。

一直以來，中國實施的是以共產主義為基礎的計畫經濟政策，但是鄧小平企圖轉型爲市場經濟。人民公社解散，同時給予個體戶農民自主權限，也認同個人可以創業、經營公司。

現在被喻爲「世界工廠」，同時也是消費力驚人的「世界消費市場」的中國，是從何時開始如此迅速成長呢？

允許貧富差距擴大的「先富論」

衆所皆知，中國國土面積廣大，人口數超過十三億五千萬。就算擁有多麼強大的國力，要讓整個中國立刻全面近代化，也根本不可能。

因此，鄧小平提出「先富論」。如字面所言，他主張「讓富裕條件整備的地區先富裕起來」。

換言之，**鄧小平同意貧富差距的產生**。而首先被指定爲先富的地區就是經濟特區（當初叫作出口特別區）。

具體的地區就是廣東省深圳、珠海、汕頭、福建省廈門。

一九七九年，這四個城市成爲經濟特區，享有免進出口關稅，以及所得稅三年分期繳納的優惠措施。

實施這些政策的目的是爲了吸引國外資金，以及學習先進技術。積極邀請外商公司至中國成立合併企業，中國會提供土地及建物。中國不只想賺外匯，也想學習技術和專業技能。還同意百分百外資的企業進駐特別區。

一九八八年，離越南很近的海南島成爲第五個經濟特區；可是翌年開始，發生了阻撓改革開放政策的事件。

一九八九年六月四日，發生了「六四天安門事件」。鄧小平以武力鎮壓人民的示威活動，引起國際社會韃伐，鄧小平的政治聲望也下滑。

然而儘管如此，鄧小平依舊繼續推動「改革開放」。一九九二年，鄧小平視察深圳、珠海，還自己讚賞自己主導的政策非常成功，讓改革開放政策更往前推進，這就是所謂的「南巡演說」。

後來，中國提出「社會主義市場經濟」，以勢如破竹之姿讓經濟快速成長。被選為經濟特區的沿海地區與特區以外的內陸地區貧富差距更加擴大，但就如鄧小平所呼籲的「先富」期待，對鄧小平而言，這些情況的轉變早在他的預料之中。

在漫長的中國歷史中，開始改革開放的一九七八年可以說是具備極重要意義的一年。

文革期間，富人及知識分子遭迫害

前面提到，當鄧小平提出「改革開放」政策之時，正是中國開始躍進的開始。那麼，在這之前的中國究竟是何模樣？

在這之前就是毛澤東掌權的時代。

毛澤東被定位爲世界高知名度的偉人，可是，他並不是直到晚年都深得中國人民的支持。

其實，毛澤東推出的政策總是意外地失敗。「大躍進政策」得到的是與這個積極名稱截然相反的悲慘結果。

所謂的「大躍進政策」是農業及工業的大增產計畫。

毛澤東的目標是想推出這個政策後，能一口氣超越美國及英國。但是政策內容非常粗糙，中國經濟並沒有因此大躍進，反而走向疲乏，還引起大飢荒，導致好幾千萬人受害。

因爲結果眞的很悲慘，連毛澤東自己也承認失敗，對自己進行人生中唯一一次的自我批判後，辭去國家主席之位。

毛澤東當然不想因爲這個事件而完全引退。

毛澤東下台後，掌握主導權的是地位僅次於毛澤東的劉少奇，以及年輕的鄧小平，兩人修正舊有路線軌道，企圖重建經濟。說得更具體一點，兩人引進部分市場經濟政策。

對準備再奪回政權的毛澤東而言，這是最佳攻擊題材。

毛澤東批判劉少奇等人是「修正共產主義、向資本主義靠攏的背叛者」，還呼籲「批判修正主義者，打倒他們！」

因爲這個理由而發起的**「文化大革命」**所引起的社會大混亂現象，在一九六六年至一九七七年期間蔓延到整個中國領土。

毛澤東喊出的口號爲「排除封建且資本主義的文化，貫徹共產主義之志」，聽來是非常冠冕堂皇的意識形態，實際上不過是一場中國共產黨內部的權力戰爭。

目的就是企圖以花言巧語煽惑民衆，把劉少奇及鄧小平拉下臺。

最後毛澤東的企圖成功了，但對中國而言，卻是個不幸的結果。

以缺乏知識教養的地方年輕人爲首，所有的毛澤東思想信仰者組成了「紅衛兵」，鎮壓打擊肯定劉少奇及鄧小平修正主義的人們。

尤其是富人及知識份子，成爲首要打壓目標。

毛澤東派系的人認爲富人是資本主義的象徵，凡是有點知識的人都知道，這樣的主張是多麼滑稽可笑。

總而言之，目的就是要驅逐站在眼前的敵人。

遭到打壓的人民被石頭砸，家裡被貼上毀謗中傷的傳單，「文化大革命」信仰者的迫害行爲愈來愈激烈，最後有不少人在這場鬥爭中喪命。

劉少奇也被捏造的罪名逼到卸除所有職務，最後被判自宅監禁，落得慘死的下場。

煽動迫害活動的「四人幫」

最初煽動人民者爲毛澤東，而主導「文化大革命」的「四人幫」則是毛澤東的近臣。

這麼說可能有點脫離話題，不過這也是不爭的事實，每當局勢極爲混亂時，這般鼠輩才得以跋扈囂張，讓局勢往更糟的情勢發展。

若拿市場行情比喻，這些人就像在拋售性恐慌（Selling Climax）之時，一直拋售的人。

因爲這些人的行爲太過分，導致悲劇發生，讓行情跌至谷底，結果從這時候開始行情開始翻轉。

關於四人幫煽動人民、迫害人民的經過，在此關些篇幅，稍加說明。

從稱呼就知道，「四人幫」成員都非等閒之輩，分別是毛澤東之妻江青、張春橋（國務院副總理）、姚文元（黨中央政治局委員）、王洪文（黨副主席）。

他們揮舞著「文化大革命」的旗幟，徹底打壓富人階級及知識份子，提升自己在中國共產黨內的地位。

後來，在黨內一直與毛澤東對立的林彪（中國共產黨中央委員會副主席）於一九七一年辭世後，四人握有更強大的權力，一九七三年的黨大會任命四人爲中央政治局委員，確立了「四人幫」體制。

一九七六年四月發生了「四五運動」，四人將責任全部推給鄧小平，逼得鄧小平下台，卸下所有權力。

可是，同年九月毛澤東去世，反「文化大革命」派捲土重來，四人幫失勢，翌年四人全被褫奪黨籍。特別法院認定四人犯了迫害大眾之罪，判處死刑或無期徒刑。

在四人幫遭黨流放的翌年，也就是一九七八年，就如我前面所提，這一年就是中國打出「改革開放」政策，中國大躍進的起始年。

正義與邪惡互為翻轉，從原來的統制經濟一百八十度大轉變為開放經濟，始終沉睡的獅子終於清醒，開始快步往前奔跑。

鄧小平所開創的「改革開放」路線，後來的江澤民、胡錦濤、習近平都遵循這條路線至今。

最後，未來中國會朝何方前進呢？現在就讓我們來回顧過往歷史，一一解析，預測中國的未來。

天安門事件的發生與歷史波動

以一九七八年爲出發點，朝新道路邁進的中國經濟以驚人速度成長，才一眨眼的工夫，上海爲首的沿海地區已是高樓櫛比鱗次的景象。

另一方面，二〇〇一年，中國如願加入世界貿易組織（WTO），憑藉廉價勞動成本的武器，以「世界工廠」之姿嶄露頭角。

二〇〇八年，北京舉辦奧運，二〇一〇年上海成功舉辦了萬國博覽會，這中間的過程就像辦了東京奧運、大阪萬國博覽會的日本，寫下高度經濟成長的故事，可是，榮景不可能永遠持續，這時候原有的優勢也開始一點點流失。

可能爲了取得資源擁有權，中國與以日本爲首的周邊鄰國也因爲領土問題發生過多次衝突。

未來的中國是否能夠持續現在的榮景？想預測結果，必須留意歷史的波動。

在歷史中，三年、七年、二十年、四十年至六十年的週期具有重大意義。就以一九七八年爲起點，觀測這些週期年份。

三年後是一九八一年，七年後是一九八五年，二十年後是一九九八年，四十年後是二〇一八年。我有預感，對中國而言，二〇一八年會是一個重要年份。六十年後就是二〇三八年。

首先是一九八一年，這一年並沒有發生令人矚目的歷史事件，不過，毛澤東的繼承人華國鋒在這一年被解除中國共產黨中央委員會主席兼中央軍事委員會主席的職務。鄧小平趕走政敵，確立其權力體制。

一九八五年也沒有發生特別值得一提的大事，不過，這一年適逢抗日戰爭四十週年紀念，對於日本總理參拜靖國神社的消息，中國開始露骨地對日本表現出不友善的態度。

接下來，以一九七八年爲出發點的中國改革開放路線，在一九八九年十二月踢到了大鐵板。不用說大家都知道，同一年六月四日、發生了前面已提過的**「六四天安門事件」**。

事件導火線是同年四月中旬前任總書記胡耀邦去世。鄧小平之所以能夠成功推動「改革開放」政策，因爲背後有著胡耀邦總書記與趙紫陽總理這兩名心腹下屬的大力支持。可是，中國共產黨的內部競爭一向激烈，就算只是顆微塵，只要出現個小漏洞，立刻被踢走。

連胡耀邦也不例外，雖然鄧小平稱胡耀邦是自己的接班人，卻遭到保守派的猛烈批判及攻擊，最後還是被解除職務。後來因心肌梗塞發作而猝死。

人民得知胡耀邦死訊後，以年輕人爲中心，許多民衆集結於天安門廣場悼念胡耀邦，據說當時人數多達十萬人。

後來，民衆開始要求民主化的抗議活動，堅持不離開天安門廣場。

當時國內外媒體紛紛報導現況，示威活動不是只限於天安門廣場與其周邊，而是以上海爲首，在中國各地遍地開花。

該年五月二十日，鄧小布發布戒嚴令。可是，依舊阻止不了民衆加入抗議活動的決心，最後在六月四日清晨，中國人民解放軍終於出動了。

軍隊與戰車朝著示威民衆發射子彈，演變成武力鎮壓的局面。雖不清楚正確的傷亡數字，但有許多人都因此犧牲，世界各國也嚴厲批判鄧小平。

與胡耀邦合稱爲鄧小平左右手的趙紫陽也反對以武力鎮壓示威活動。因爲這樣，鄧小平解除了趙紫陽的職務，拔擢當時的上海市黨委書記江澤民爲黨總書記。江澤民成功鎮壓在上海蔓延的示威活動，贏得了鄧小平賞識。

而在同年的十一月，鄧小平將中國共產黨中央軍事委員會主席之位公開轉交給江澤民。

鄧小平在大業尚未完成的情況下，失去了所有的心腹下屬，當時他心裡可能是這麼想的：「以後的事就全部交給江澤民了。」

一九七八年開始的中國國家局勢大轉換期，因爲後來一九八九年十二月美蘇對立的冷戰局勢瓦解，讓中國對內及對外都面臨了典範轉移的現象。結果讓中國更強化共產主義體制，也確立了「先富論」、開放經濟等的新國家方針。

所謂歷史的波動，會因爲重大事件的發生，讓這樣的波動更加速進行。

預測未來　中國下一個重大轉捩點何時到來？

以一九七八年爲起點，將週期三年、七年、二十年的時間點，對照眞實的中國歷史，確認是否如預測在這些時間點有大事發生。

最後是六十年週期，六十年後是二〇三八年，感覺還很遙遠，所以接下來就要眞的「預測未來」了。

在預測之前，先跟各位說明六十年週期的涵義。這個週期與每隔半世紀就會進行一次技術革新的週期息息相關。

這個週期就是俄羅斯經濟學家尼古拉·康德拉捷夫（Nikolai Kondratiev）所提出的「康德拉捷夫週期」（Kondratiev Cycles，又稱長週期）。這是因技術革新而出現的景氣循環週期，又稱爲「大循環」或「長期波動」。

關於這個週期的時間長度，最有力的說法爲六十年，但是實際上可能是四十年、五十年或六十年，就像地震週期，時間上難免會有一點小誤差。這個景氣循環週期同時存在著三個週期不同的循環期。

這三個循環期分別是因庫存變動引起、平均時間約爲四十個月的「基欽循環」（Kitchin Cycles，又稱短週期）；企業設備投資時間點造成影響、時間約爲十年的「尤格拉循環」（Juglar Cycles，又稱中週期）；最後是配合建設需要、時間約爲二十年的「庫茲涅茨循環」（Kuznets Cycles，又稱長週期）。

再回到「康德拉捷夫循環」，對中國而言，下一個重要的歷史時間點，可能是從一九七八年開始算起的第四十年或第五十年，抑或第六十年。

換言之，**可能是二〇一八年、二〇二八年、二〇三八年的其中一個**。

因爲知道上述週期波動定律的人不多，當然會強烈認爲「預測未來」是很遙遠的事。而且，會將焦點鎖定於離目前最近的事件上，也是理所當然。

因此，我認爲大家會非常關注二〇一八年的時間點。我預測可能會發生以下兩件事。

事件①：中國經濟成長到頂

事件②：發生類似天安門事件的內亂大騷動

換言之，對中國而言，二〇一八年可能是特別的一年。不管是哪個事件，對中國來說都是大事件。

如果二〇一八年中國平穩度過，二〇二八年可能會是中國的轉捩點。

如果您有投資中國股市或房市，最好在二〇一八年前先做一次整理。

我個人認爲，事件②發生的可能性較高，總覺得中國境內會發生暴動。

當中國發生暴動，全球資金就會從中國出走，接下來這些資金會往何處去呢？

爲了成爲擅於理財的有錢人，你必須事先設想資金的流向。

因此，接下來將思考二〇一八年以後，全球資金的流動目的地是哪裡。

經濟動向會如何改變？

我在第一章提過，資金會隨著「追險、避險」的氛圍變化，流向追求「安全性」或「致富性」的市場。

說得更嚴謹一點，「安全性」中隱藏著「變現性」的需求因素，可以將三個因素分開排定優先順序。

因爲是重要因素，在此再重新整理一番。

資金追求的優先順序如下。

◆安全性

◆變現性

◆獲利性

這三個條件當然是分別獨立，其中的「安全性」與「變現性」是並存的。股票就是典型的例子，「安全性」高，也可以立刻變現。

可是，兼具「安全性」與「變現性」的投資標的根本不存在。

譬如，因爲財政有破產危機傳聞，被恐慌性拋售的希臘國債，當價格暴跌，利息就會漲高，現在的利率漲到將近百分之二十。

如果一直持有希臘國債至償還期限那一天，當然能享有高利率分紅。

可是，如果在償還期限到來之前，希臘國家財政破產的話，一切希望將化爲烏有，所有的債券票券將成爲廢紙。

以下再舉不動產爲例。不動產永遠不會變成廢紙，屬於實物資產，會因行情關係有時候「變現性」變得很高。可是，關鍵的「變現性」，需要將不動產賣掉才能變現，而且通常都要等待一段時間。

另一方面，資金可能流入的市場，依地區分類，可能是美國、日本、以中國爲首的金磚五國（巴西、俄羅斯、印度、中國、南非）、東協各國、歐洲。

此外，資金可能不是流入地區市場，黃金等的期貨市場也是選項之一。

首先，以全球化標準來比較，對應現階段的中國情況，哪個地區最具投資希望？

在此依希望高低的順序將各地區列出。

美國 > 日本 > 東協各國 > 中國 > 巴西、印度 > 俄羅斯 > 歐洲在此，稍微短評一下。未來歐洲的經濟信用還是很不穩定，俄羅斯及巴西因為原油價格下跌，讓經濟處於棘手局面。

印度對於納倫德拉．莫迪（Narendra Modi）領導的新政權期待落空，雖然其國家潛在成長力排名世界前幾名，但無法馬上強化大。

相對地，東協各國就很有希望，美國與日本的經濟也會持續好轉。歐洲各國中，德國、荷蘭、北歐各國是例外，這些國家都擁有強大的國力及經濟實力。

結果，現在的中國正好處於弱勢國與強勢國排名的中間位置。如果，二〇一八年真的發生類似天安門事件的暴動，資金會往哪裡走，相信大家都很清楚。

資金會流向「大於」中國的那些國家。

可是，萬一這個事件蔓延嚴重，導致全球性地政學風險提高，就會出現「避險」心理，全球資金可能會轉向先進國家的國債市場或黃金市場，以求緊急避難。

吉姆．羅傑斯的先見之明

稍微離題一下，有號人物早就預測中國經濟會走向繁榮局面。這號人物就是有「傳奇投資家」、「世界第一投資家」之稱的吉姆．羅傑斯。

一九四二年，在第二次世界大戰最如火如荼之際，羅傑斯出生於美國。一九七〇年代，與喬治．索羅斯一起成立避險基金、量子基金（Quantum Fund）。在十年時間裡，獲利超過三十倍，也因此讓羅傑斯一砲而紅，成為世界知名人物。

羅傑斯獨立創業後，也預言了黑色星期一及日本泡沫經濟崩盤等事件，大家都覺得他非常神準，簡直就是千里眼，早早就能預知未來。

在羅傑斯與索羅斯一起創業的時代，羅傑斯的主要工作是分析市場情勢、宏觀基本面、個別投資標的的狀況，實際的頭銜是合夥人。他的神準分析能力，屢屢準確預言。

總而言之，他一定是**以過去的歷史或資料為依據，預測未來**。其實他在公開發言時，常會說：「人類在過去的○○時期也發生了△△事。」

羅傑斯於三十七歲時退休。後來用個人資金走遍世界一百一十六個國家，哩程數高達二十四萬公里。

二〇〇七年，羅傑斯與妻子一起移居新加坡。

他曾說：**「十九世紀是英國的時代、二十世紀是美國的時代、二十一世紀是中國的時代。」**羅傑斯之所以會移居新加坡，讓他的女兒學習中文應該是最主要的目的。

羅傑斯不選擇移居中國，而是新加坡，是因爲在新加坡可以同時學習英語及中文兩種語言，而且新加坡比較全球化，教育水準也高。加上北京或上海的空污問題比想像嚴重，羅傑斯認爲並不是適合居住的地點。

從各個層面來看，羅傑斯都讓人深切認爲是一個眼光獨到又精準的人。

如他所預測，中國確實強勢崛起。二〇〇八年的雷曼事件連中國也受到小小的牽連，可是馬上復原，而且強勢地引導世界經濟。

至於後來情況如何，屬於另外的話題。想再找到一個國力像中國這麼強的，眞的很難。

因爲，歐美各國、日本等的中國貿易對象國在暴發雷曼事件後，都無法再恢復往日榮景。正在走上坡的美國和日本，還沒有恢復原有的活力，至於歐洲則如羅傑斯所言，依舊處於低迷期。

如果需求變得比以前少，中國的經濟成長也會鈍化。

根據傳言，羅傑斯認爲以後中國政府也會對空污對策、鐵路系統之鋪設投下巨額資金，可是，中國整體經濟並不會因此受惠。

從這個觀點看來，羅傑斯下了中國經濟鈍化還不至於牽動世界經濟的結論。然而事實上，羅傑斯的這番見解隱藏著重要的暗示。可能羅傑斯自己早就有所行動了。

那就是，中國政府絕對會重點投資某些領域。

整個世界經濟是否會因此飛騰，彼此並沒有關聯。世界上一定存在著巨額資金會流入的產業領域，然後相關企業就會大舉獲利。

會發生類似天安門事件的抗爭嗎？

閒話聊完了。現在再回到關於中國政府的主題。現在擔任重要掌舵手職務的人是胡錦濤的接班人，也就是二〇一三年開始擔任國家主席的習近平。

中國人口數雖然超過十三億五千萬人，但因爲實施「一胞化政策」，在二〇一二年時，比預期還早出現生產年齡人口減少等問題。現在的中國確實有許多難題待解，而且每個問題都無法輕易解決。

因此，也可以說投資的著眼點變多了。換言之，與中國面對的課題有關的領域就是最佳投資標的。譬如，鄧小平時代成功推廣了「先富政策」，在數十年後的現在，縮小沿海地區與內陸地區的貧富差距正是中國不可避免的政策課題。

此外，羅傑斯也認為，中國政府會對空污對策及鐵路系統之鋪設，投入巨額資金。

總而言之，在中國與環境有關的需求會擴大的可能性極高。尤其是空氣及水的淨化課題，會有相當龐大的需求。就像阿里巴巴集團，在中國已經有全球化的網路企業誕生，未來預估會更加蓬勃發展。

再從相反角度重新審視，貧富差距問題及環境問題可能會成為導火線，預測在二〇一八年恐會發生抗議事件。如果真的發生，中國政府當然要投入所有心力來解決這個問題。

一邊檢視過去的歷史事件，一邊「預測未來」，自然就能知道投資標的在哪裡。

CHAPTER II

從中國歷史看未來

CHAPTER III

從歐洲歷史看未來

歐洲的轉捩點年表

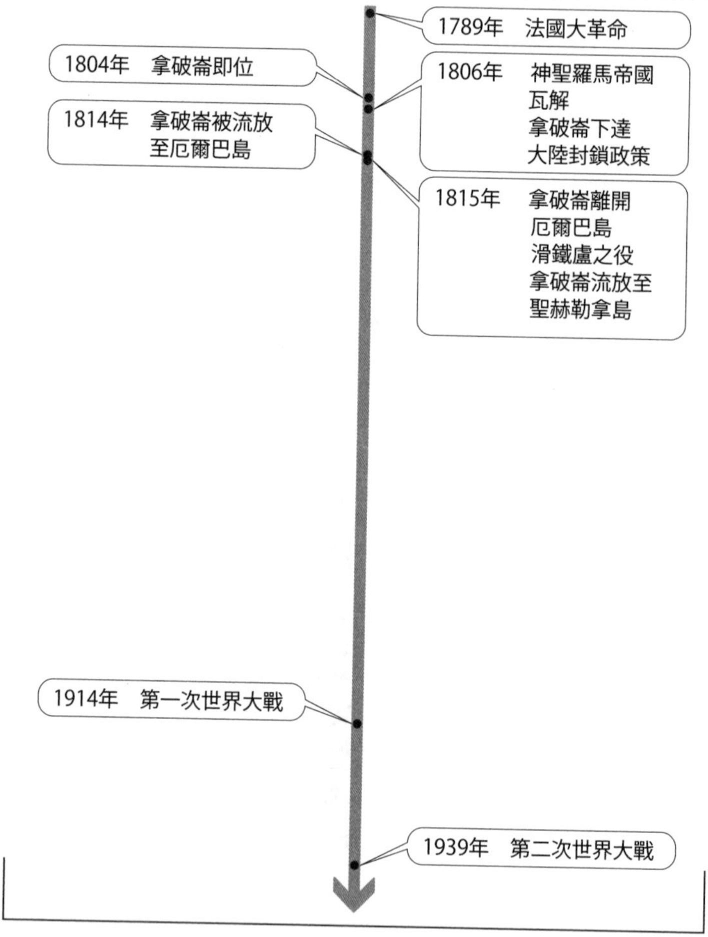
1789年　法國大革命
1804年　拿破崙即位
1806年　神聖羅馬帝國瓦解
拿破崙下達大陸封鎖政策
1814年　拿破崙被流放至厄爾巴島
1815年　拿破崙離開厄爾巴島
滑鐵盧之役
拿破崙流放至聖赫勒拿島
1914年　第一次世界大戰
1939年　第二次世界大戰

促進金融全球化的猶太人

本章節將把焦點從東洋大國的中國轉移至西洋世界。

本書是以資金觀點回顧歐洲歷史，因此，一開始必須提及猶太人。

猶太人不只在第二次世界大戰期間遭受希特勒的欺凌屠殺，自古以來猶太人在歐洲就遭遇過無數次的迫害。歐洲是個基督教社會，流傳著「耶穌基督被猶太人送往各各他山（Golgotha），釘死在十字架」的傳說。

因此，歐洲社會對於猶太人能從事的行業有著嚴格的限制，導致猶太人幾乎都是從事金融業（放款）。

這時候，應該有不少讀者馬上就聯想到莎士比亞的作品《威尼斯商人》（The Merchant of Venice）吧？從事放款業的主角夏洛克就是猶太人。

莎士比亞也把夏洛克描述爲標準的壞蛋，因爲以前的歐洲社會認爲放款業者是低賤的行業。原因在於當時的基督教禁止放款、賺取利息的行爲。

後來到了中世紀，隨著教會勢力的衰退，禁止放款、賺取利息的道德觀也變得式微，此時猶太人早已透過長年的放款業務經營，確立了金融專業技能，在商場上想要打垮他們，難如登天。

而且，猶太人總是擅於將逆境化爲轉機，早就是多角化經營。

傳說十字軍遠征之際，因爲貸款利息太高，讓士兵們懷恨在心，發生沿途虐殺猶太人的事件。爲了躲避虐殺猶太人朝歐洲內外各地分散逃離。

因此，分散各地的猶太人便攜手合作，進軍貿易經濟，造就了今日的匯兌業務。

因爲猶太人有著遭迫害的歷史，對於風險的嗅覺也非常敏感。船沉了或遇到海盜攻擊時，可以補償損失的保險就是猶太人發明的。

此外，股票或債券的發行，以及事業失敗時不要由一個人承擔風險的觀念，也是猶太人發明的。如果沒有猶太人，很可能不會有銀行的存在。

因爲世人對猶太人有著嚴重的差別待遇，他們的財產老是毫無理由地被沒收。在中世紀，只要確認是猶太人，就可以搶走他的錢，實在非常蠻橫。

猶太人爲了在這樣的蠻橫略奪中保有自己的資產，發行無記名證券（銀行券），創立流通式銀行業，並且推廣至歐洲各地。因爲沒有寫上名字，無法知道是誰的財產，就能躲過遭沒收的命運。

因爲這個方案很合理且非常便利，歐洲各國也紛紛設立銀行，發行銀行券。

這就是現今中央銀行和紙鈔的起源。

總而言之，**猶太人早在中世紀就為今日的金融業奠定基礎**。在美國歷史單元也會提及，即使到了現代社會，猶太人依舊是活躍於金融領域的中樞人物。

洛希爾家族的崛起

如果沒有資金，當然不可能自營創業，也不可能建立一個國家。尤其是歐洲諸國，一天到晚要與鄰國打仗，「富國強兵」可是每個國家的首要課題。增產興業、軍需擴充的議題沒有事先完成，根本不用想跟其他國家抗爭。**為了可以調度到這些資金，執金融業牛耳的猶太人扮演著重要角色，絕對不能缺席。**

基於這個因素，猶太人當中，尤其是事業版圖規模大的人對於國家就擁有莫大的影響力。其中最出色當屬洛希爾家族。

在世界知名的紅酒產區、法國的波爾多（Bordeaux）有著世界頂級的五大酒莊。分別是拉菲酒莊（Chateau Lafite-Rothschild）、瑪歌酒莊（Chateau Margaux）、拉圖酒莊（Chateau Latour）、侯伯亞酒莊（Chateau Haut Brion）、木桐酒莊（Chateau Mouton Rothschild）。

熟悉德語的人或許已經發現了。五大酒莊中，有兩家冠上「Rothschild」（洛希爾）的名號。不用說，這兩大酒莊當然跟接下來詳細介紹的洛希爾家族有關聯。

十八世紀後期，神聖羅馬帝國統治下的法蘭克福（Frankfurt）為帝國直轄的「帝國自由城市」，一定的範圍內被認同為自治區。在法蘭克福設有猶太人社區（Ghetto），在這個社區裡有一名青年以古錢商身分創業。

這名青年的名字是梅耶・阿姆謝爾・洛希爾（Mayer Amschel Rothschild）。

梅耶就是奠定洛希爾家族基礎的人。在他之前的歷代先人，不過是收入足以糊口的小商人而已。

後來，梅耶有機會與當時歐洲屈指可數的資產家貴族來往，也將事業觸角伸至匯兌業。

當梅耶的兒子們也開始幫忙家族事業，洛希爾家族才算正式開始飛黃騰達。

梅耶最重視家族團結，把「協調、誠實、勤勉」視為家訓。後來奧地利哈布斯堡王朝（Habsburg）頒給洛希爾家族的徽章上面，就刻了家訓。

一八一二年，梅耶辭世，他的兒子們繼承其教誨，讓洛希爾家族更發揚光大。

洛希爾家族

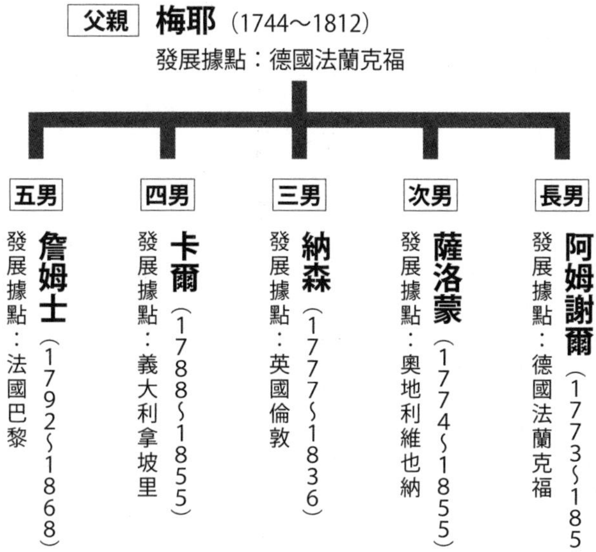
父親
梅耶（1744～1812）
發展據點：德國法蘭克福
長男
阿姆謝爾（1773～1855）
發展據點：德國法蘭克福
次男
薩洛蒙（1774～1855）
發展據點：奧地利維也納
三男
納森（1777～1836）
發展據點：英國倫敦
四男
卡爾（1788～1855）
發展據點：義大利拿坡里
五男
詹姆士（1792～1868）
發展據點：法國巴黎

全球化策略的先鋒

梅耶有五個兒子。到了一七九〇年代，這些兒子才開始幫父親打理生意，洛希爾家族的銀行事業也從這時候開始規模愈來愈大，並且進軍歐洲各地。

長男阿姆謝爾（Amschel Rothschild）繼承法蘭克福的本家，次子薩洛蒙（Salomon Rothschild）至維也納創業，三子納森（Nathan Rothschild）至倫敦創業，四子卡爾（Carl Rothschild）至拿坡里創業，五子詹姆士（James Rothschild）至巴黎創業。每個人都在各地經營銀行業。

以上每個地點都是當時歐洲的主要城市，也是具世界觀的代表城市，若用現代語來說，洛希爾家族在當時就已經懂得全球化發展事業。

五兄弟當中，**納森發展得最好，還贏得金融王的美稱**，也是他最早決定要到海外發展事業。

一七九〇年代末期，法蘭克福周邊棉製品缺貨的問題非常嚴重。神聖羅馬帝國於一八〇六年瓦解，這時候的法蘭克福早就是戰亂時代。

因此，他決定到英國的曼徹斯特創業。因爲當時英國已發生工業革命，大量生產棉製品。

納森以便宜的價格大量採購棉製品，再運到德國銷售。納森將金融與工業結合在一起，爲自己創下巨額財富。

到了一八〇〇年代，納森移居倫敦，成立洛希爾財務顧問公司（N. M. Rothschild & Sons Ltd.），將事業版圖伸展至金融業。

這間公司迄今仍然存在，透過全球化設點，主打M&A顧問諮詢業務，創下名列前茅的全球市佔率。

公司創業沒多久就掌控了國債市場，有分析專家說，該公司的財力足以購併現在的JP摩根（Morgan）、高盛公司（Goldman Sachs）等的主要投資銀行。

不過，其他兄弟的成就也不遑多讓，將主力投注於鐵路事業。

移居維也納的次子薩洛蒙得到皇帝許可，成立鐵路公司；長子阿姆謝爾也負責整頓德國國內鐵道網的事業。五子詹姆士也投資法國國內及鄰國的鐵路事業。

「滑鐵盧之役」的巧妙操作

在納森進軍倫敦發展事業之際，在法國出現一位歷史英雄人物。這號人物就是平定法國大革命（一七八九年）之後的混亂局面，於一八〇四年登基爲法國第一帝政皇帝的拿破崙。

然而，納森則透過這號英雄人物所頒布的政策，爲自己增加了莫大的財富。

一八〇六年，拿破崙發布「大陸封鎖令」，這就是讓納森大發利市的政策之一。

這個命令禁止法國統治下的國家與英國貿易往來，等於封鎖了國家經濟。但是對納森而言，卻是個求之不得的大好機會。法國統治下的各國當然要遵守這個命令，卻導致棉製品、咖啡、菸草等的致癮性商品價格暴漲。

因爲這些商品都要從英國及其殖民地進口，禁止與英國貿易往來，當然會因爲缺貨而使得價格高漲。這時候也讓世人看出，拿破崙完全沒有政治經濟方面的才能。相較之下，納森很有這方面的長才。

這時候英國方面因爲失去了出口國，這些商品的價格就暴跌。納森嗅到了價差的氛圍，於是他就在英國境內便宜採購這些商品，再偷偷送往法國統治下的國家。然後，他的兄弟再接棒，銷售這些商品，大家都賺錢賺得笑呵呵，財富馬上翻升好幾倍。

透過地下管道進出口商品當然是違法行爲，但對因爲缺貨買不到東西的市井小民而言，當然開心有人願意冒險做這樣的生意。

後來，納森跟小弟詹姆士合作，透過秘密管道，負責運送英國提供給反法國聯盟國的軍用資金。

英國政府提供的軍用資金就這樣堂堂地經由法國境內，再送往反法國聯盟國。如果拿破崙知道這件事，一定會暴跳如雷。

直到最後，拿破崙都是納森利用的對象。在反法國聯盟國的圍攻下，巴黎淪陷了，拿破崙也失去政權，一八一五年從流放地厄爾巴島（Elba Island）逃出，回到巴黎、重登帝位的故事人人皆知。

後來，同一年的六月十六日起，拿破崙與英國、荷蘭、普魯士組成的聯合軍隊交戰，六月十八日之戰大敗，被流放聖赫勒拿島（Saint Helena Island），最後鬱鬱寡歡，一八二一年死於島上。這場敗仗就是史上知名的「滑鐵盧之役」，而納森早就獲悉「拿破崙戰敗」的消息。

可是，納森卻大舉賣出英國國債。照常理來看，英國是戰勝國，應該是預測英國國債價格會上漲而買進才對。

因爲納森大量賣出英國國債，其他投資人也立刻跟隨，導致英國國債價格暴跌。大家都知道納森消息靈通，看他慌慌張張賣出，讓大家誤解這次英國一定會打敗仗。

等英國國債價格暴跌，納森再重新買回低價的英國國債。

然後當「拿破崙大敗！英國勝利」的消息傳遍英國，在英國國債價格暴漲時，納森確定有獲利，便賣出英國國債。

這就是世人所謂的「納森反向賣出」事件。這個故事有可能是後人編的，但如果眞有其事，這樣的故事也確實値得流傳下來，讓大家學習。

二十一世紀繼續稱霸世界

洛希爾家族就這樣達到繁榮的顚峰，但是也依舊難逃「盛衰榮枯」的歷程。不過，因爲五名兒子分別於各地發展事業的緣故，讓洛希爾家族迄今在全球化的金融業依舊佔有一席之地。

在此簡單介紹開枝散葉後的洛希爾家族發展。首先，到了十九世紀後期，德國的金融中心從法蘭克福移轉至柏林。

可是，長男仍堅持留在法蘭克福的老家，事業因而漸走下坡。加上他沒有生孩子，在他死後，老家也就不存在了。

次子薩洛蒙家族也因哈布斯堡王朝的沒落，走向相同的命運；到拿坡里發展的四子家族也凋零。而且在第一次世界大戰時，洛希爾家族被視爲敵國同伴；第二次世界大戰時，所有猶太人都遭到極爲悲慘的迫害。

結果，兩次世界大戰後，只剩下位於倫敦及巴黎的家族據點仍屹立不搖，其他據點都走向結束。不過，就如前面提過，迄今洛希爾家族在金融業的全球化發展上，依舊擁有亮眼成績。

在倫敦的洛希爾家族以專爲企業服務的M&A顧問諮詢公司爲主軸，發展投資銀行業務。在巴黎則是以富人爲服務對象，以私人銀行業務爲主。

原本在維也納發展的事業雖然已經落寞，但是在逃離納粹的打壓後，逃亡至美國，並在美國開枝散葉。

也有許多其他猶太人逃亡至美國。

這件事對於美國金融界造成多大影響，將於下一章節詳述。

讓我們回顧一下，納森就是洛希爾家族最具代表性的人物，維持活躍發展的倫敦據點與巴黎據點**懂得將「對立、紛爭、戰爭」等不利因素轉換為賺錢的商機，而賺得巨額獲利，達到繁盛的顛峰。**

不過，其他兄弟的家族則是被「對立、紛爭、戰爭」等局勢所迫害。

關鍵人物：納森・洛希爾

(1777～1836)

出生於德國法蘭克福。21 歲時到英國曼徹斯特創業。發現英國大量生產棉製品，於是大量購入，轉於德國銷售。將金融與產業結合，賺得財富。後來成立 N. M. Rothschild & Sons 公司，朝金融業發展。反向操作戰爭局勢，透過秘密管道進出貨物及提供軍用資金、反向賣出英國國債等，創造大量財富。

歐洲歷史是一部「戰爭史」

在帝國主義時代，歐洲列強陸續將非洲、亞洲、南美洲變為自己的殖民地。當時因以槍砲彈藥等武器開始發達，歐洲列強的殖民政策才能成功。

歐洲兵器之所以比其他地區性能強，因為歷經過無數次的戰爭，藉由戰爭的實際演練讓兵器的性能及功能日益精進。

總而言之，歐洲列強在穿越大海，開拓殖民地之前，自己的領土就是個多戰之地，戰爭不斷。用一句話來形容，歐洲歷史就是一部戰爭史。

即使是現代的歐洲地圖，上面布滿衆多的國界線，存在著許多國家。在過去也曾有過羅馬帝國、東羅馬帝國、法蘭克王國、神聖羅馬帝國、奧斯曼帝國、第一帝政時代的法國、納粹統治下的德國等，歐洲大部分土地被統一的時期。

可是，一直以來都是以武力統治，當統治者的國力衰退，局勢就會再度陷入混亂，各地烽火四起。像這樣的情況就不斷在歐洲上演。最後，整個歐洲也把其他地區的國家牽扯進來，爆發世界大戰。

第一次世界大戰的導火線是因爲奧匈帝國的王子在塞拉耶佛（Sarajevo）遭到槍擊，引起軍事衝突，最後擴展爲世界大戰。這場戰爭始於一九一四年，又稱爲「歐洲大戰」，整個歐洲幾乎都成爲戰場。

經過二十五年後，又因爲德國入侵波蘭，引發第二次世界大戰。這場戰爭全球各地都被牽扯進來，但當初的主戰場依舊是歐洲。

歐洲人被懲罰夠了，第二次世界大戰結束後，開始尋求和平的地域統合政策。其實早在一九四六年，英國首相邱吉爾（Winston Churchill）就已經提出歐洲合眾國的構想。

此外，法國也提出爲了統一戰爭時不可欠缺的煤炭和鋼鐵等產業，建議成立共同體機制。因應這項呼籲，歐洲六國成立了歐洲煤鋼共同體（European Coal and Steel Community，簡稱ECSC），後來又成立歐洲經濟共同體（European Economic Community，簡稱EEC）、歐洲共同體（European Community，簡稱EC）、歐洲聯盟（European Union，簡稱EU），加入的國家數目也越來越多。

這些共同體最重要的功能就是成功控制了兩次大戰的罪魁禍首德國（當時是西德）的行動，不再任性而爲，不讓戰爭火種再被點燃。然而，最主要的原因是當時與蘇維埃聯邦所率領的東歐國家陷於冷戰的關係。

不過，更準確的說法應該是西歐各國認爲彼此有團結一致的需要。一九九九年引進制度，於二〇〇二年一月開始流通市場的歐洲統一貨幣歐元，也可以說是爲了讓法國與德國不再二次交戰。

讓歐洲各國使用相同貨幣，統一由歐洲中央銀行（European Central Bank，簡稱ECB）發表金融政策，目的就是要讓大家成爲命運共同體，不能再輕易爲所欲爲。

在引進歐元前夕，一直致力這個制度成立的某位歐洲金融相關人士說：「歐元的誕生是曾祖父那一代開始就立下的志願。爲了因戰爭喪命的曾祖父，我誠心期待歐元的正式啟用。」

歐元的誕生經過

第二次世界大戰後的
歐洲成立歐洲共同體

法國　西德　義大利　荷蘭　比利時　盧森堡

歐洲經濟共同體（EEC）

⇩

歐洲共同體（EC）

⇩

歐洲聯盟（EU）

加盟國

比利時、保加利亞、捷克、丹麥、德國、愛沙尼亞、愛爾蘭、希臘、西班牙、法國、克羅埃西亞、義大利、賽普勒斯、拉脫維亞、立陶宛、盧森堡、匈牙利、馬爾他、荷蘭、奧地利、波蘭、葡萄牙、羅馬尼亞、斯洛維尼亞、斯洛伐克、芬蘭、瑞典、英國

歐洲中央銀行（ECB）發行歐元

加盟國

奧地利、比利時、芬蘭、法國、德國、愛爾蘭、義大利、盧森堡、荷蘭、葡萄牙、西班牙、希臘、斯洛維尼亞、賽普勒斯、馬爾他、斯洛伐克、愛沙尼亞、拉脫維亞、立陶宛

歷史預言了歐盟的瓦解

如前所述，在歐洲人祈求和平的心願催生下，歐元誕生了，然而，這樣的構想原本就是緣木求魚。

回顧歐洲的戰爭史，就知道好景無法持續太久。最後這個制度一定會步調錯亂，進而走向瓦解的結局。

儘管金融政策統一，但是財政政策依舊是各國為政，這樣的矛盾點正是讓歐元走向盡頭的原因之一。

最致命的因素當數希臘的加入吧！當初判斷希臘符合基準要求，等到實際加盟後，才發現希臘有許多條件不符合，而且一直以來都隱瞞財政赤字的金額。

在第一章提過，因為希臘財政危機問題浮出檯面，讓大家也開始擔心其他南歐各國的債務膨脹問題，首先從經濟層面來看，歐元制度的骨架已經開始搖搖晃晃了。如果政治對立的情況更嚴重，歐元的瓦解將成為事實。

儘管歐元的前景是如此黑暗，舊蘇聯陣營的愛沙尼亞、拉脫維亞、立陶宛也在陰雨綿綿的五月引進歐元。事實上，這些國家的人民心中應該充滿不安吧？

我依據今後歐元的走向，預測了三種情況。

三種情況內容如下。

①一切都結束，歐元瓦解，再恢復原來的貨幣制度。

②在新制度下，再重新架構統一貨幣體制。

③遇到問題馬上處理，賺取時間延長原有歐元體制的壽命。

你認為哪個情況會成真呢？就目前的情況來看，應該是③。

不過，德國或法國不可能對像希臘那樣的債務沉重國給予永遠的支援。

如果是②的情況，到時候還是得要跟債務沉重國分道揚鑣。

也就是歐元要劃分爲二，一是贏得全球信任的北歐歐元，一是如同垃圾貨幣的南歐歐元。

在演變成這樣的情況前，歐洲中央銀行一定會拚命從全世界募集資金，繼續施打延命針（提供資金給債務沉重國）。

預測未來　希臘危機是大好機會？

筆者執筆時間是二〇一五年六月，這時候的歐洲央行總裁馬里歐．德拉吉（Mario Draghi）是前任義大利銀行總裁。

換言之，因爲德拉吉來自於債務沉重國之一的義大利，他一定會毫不猶豫選擇賺取時間的延命對策。

如果是德國央行出身的人士接替德拉吉的工作，情況就會大轉變。萬一真是如此，歐元一定暴跌。

如果你聽完以上分析，甚感悲觀的話，建議你最好再重新研讀歷史。我在第一章已提過，困境與機會是一體兩面的存在。

首先，如果出現必須賣出歐元的情況，馬上透過外匯交易賣出歐元即可。至少可以透過外匯行情賺得些許利潤。

萬一歐元危機擴大，投資人紛紛拋售債務沉重國的國債，值得投資的可能性就變高了。只要沒有嚴重到不履行債務的情況，當債券價格下跌，利率就會狂升，雖然風險高，但也能高獲利。

德拉吉大概會採取延命對策，再苦撐一陣子，萬一有新的歐洲央行總裁上任，情況變成①和②的可能性會快速升高。

如前所述，洛希爾家族開始飛黃騰達的起點是法蘭克福，繼承家族的長子無法接受德國將金融中心遷移至柏林，結果最後原本發源的據點就這樣凋零了。

現在德國的金融中心依舊是柏林，但說來諷刺，歐洲中央銀行的據點卻是在法蘭克福。

總之，儘管大家都沸沸揚揚地說，希臘有可能脫離歐元區，在這件事成眞前，行情有了大幅變動的話，光是瞄準箇中價差，就可能是個讓你致富的大好機會。

如果你希望能享受人生，又希望透過理財讓自己獲得極大的成就感，一定要有如此積極的想法。總之，不要太在意行情漲或跌，當行情價差變動愈大，獲利也會跟著升高。

如果預測行情上漲，不要猶豫，買進就對了。如果預測會下跌，立刻放空也行。抉擇就是這麼簡單。

不過，當然知易行難。也就是說，實際行動時，不像只用腦子思考那麼簡單。因爲，人類是感情的動物。

CHAPTER IV

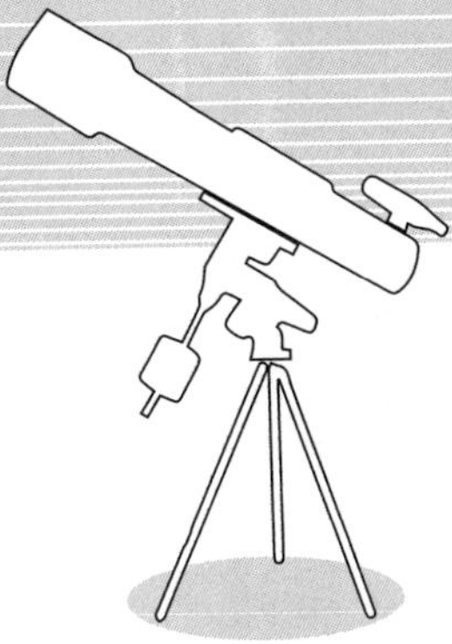

從美國歷史看未來

美國的轉捩點年表

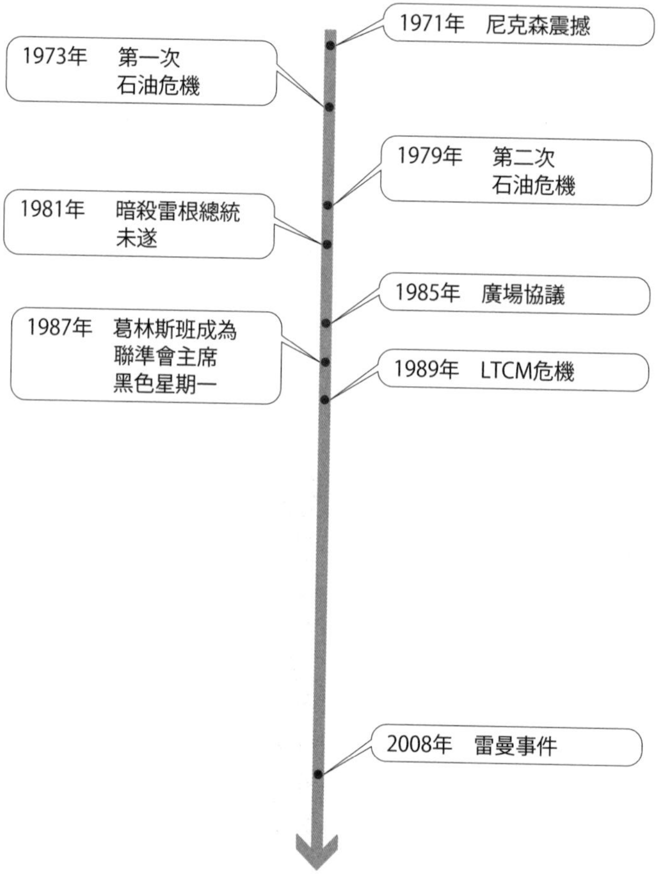
1971年　尼克森震撼
1973年　第一次石油危機
1979年　第二次石油危機
1981年　暗殺雷根總統未遂
1985年　廣場協議
1987年　葛林斯班成為聯準會主席
黑色星期一
1989年　LTCM危機
2008年　雷曼事件

美國霸權和平的時代

一九一四年發生第一次世界大戰，一九三九年爆發第二次世界大戰，兩次大戰都成為戰場的歐洲地區早被蹂躪得體無完膚，經濟也一蹶不振。相較之下，**有參加戰爭，但是領土毫髮無傷的美國則站上世界領導人的位置**。

世界史稱這段時期為「美國霸權和平時代」（Pax Americana）。「Pax」是羅馬神話中象徵和平與秩序的女神的名字。她的右手拿著象徵和平的橄欖樹枝。

美國和平時代係指第二次世界大戰以後，美國憑著強大的軍力及經濟能力，讓世界維持和平狀態。以前的時代稱為不列顛霸權和平（Pax Britanica）。

一五八八年，英國擊潰西班牙的無敵艦隊，開始在國際社會抬頭。同時將部分北美大陸變成自己的殖民地，於一六〇〇年成立東印度公司，在世界各地擴展其勢力。

尤其是十九世紀，英國掌握制海權，又擁有多數殖民地，在軍力及經濟能力上都超越他國，在英國的統治下，維持著世界和平，所以才以「不列顛霸權和平」稱呼這個時代。

不過，後來英國與企圖出鋒頭的德國發生衝突，也就是我在前文所言，兩國之間爆發兩次大戰。第二次世界大戰時，德國以自己研發的V2火箭（世界第一個彈道飛彈）直擊英國首都倫敦，不列顛霸權和平時代就這樣應聲瓦解。

後來就如大家所知，擊退德國，讓同盟國贏得勝利的美國取代了英國，掌握世界霸權。

接下來從冷戰時代形成到一九九一年蘇聯解體，美國與蘇聯各自握有東西方霸權，也有專家稱這個時代爲「美蘇霸權和平」（Pax Russo-Americana）。

以上這些名詞的起源爲羅馬霸權和平（Pax Romana），羅馬帝國第一代皇帝奧古斯都（Augustus）統治歐洲及北非地區，並於邊境地區重點佈置軍力，防禦外敵入侵。

這些地區在羅馬帝國的統治下，得以維持和平，從那時候開始的大約兩百年時間，稱爲「羅馬霸權和平時代」。

我好像有點離題了，回歸主題。在美國取代英國成爲世界霸主之際，能源、資源方面也出現巨大改變。

石油取代煤炭，成爲全世界的動力能源。**美國國內擁有好幾處油田，透過強大軍力，再加上龐大的資金及石油能源，在實質上成為新一代的強大帝國。**

猶太移民執金融界牛耳

在上一章提到從德國法蘭克福起家，將事業版圖擴展至當時世界主要城市，成爲金融界霸主的洛希爾家族的故事。

後來，以洛希爾家族爲首的猶太人自中世紀以後，爲今日的金融業務打下了良好的基礎。

第二次世界大戰期間，納粹德國迫害居住於歐洲各地的猶太人，許多幸運逃離魔掌的猶太人打算逃至美國。

其實，**在這之前早就不知有多少的猶太人集體移居美國**。

後來，移居至美國的猶太人在金融界成績斐然，即使到了現代社會，猶太人在金融業依舊佔有重要地位。

譬如，全球最大的美國投資銀行高盛公司的創辦人，是出身德國的猶太裔美國人馬庫斯・高德曼（Marcus Goldman）。

在全球市場擁有市佔率的美國大型投資銀行，大致可分爲三個。其中之一就是曾經享有盛名的庫恩・羅布商會（Kuhn Loeb & Co.），其創辦人也是猶太人。

一九七七年，庫恩・羅布商會被雷曼兄弟集團合併，一九八四年被美國運通銀行收購，現在這個名號已經不存在了。一八七五年，兩位出身德國的猶太人移民亞伯拉罕・庫恩（Abraham Kuhn）與所羅門・羅布（Solomon Loeb）於紐約設立銀行，也就是庫恩・羅布商會的起源。

自從羅布的女婿雅各・亨利・席夫（Jacob Henry Schiff）加入經營團隊，庫恩・羅布商會才開始崛起。

聊個小道新聞，據說雅克曾與洛希爾家族一起住在法蘭克福的猶太人社區。也因爲這個緣故，才會有洛希爾家族派雅各到美國視察的流言。

洛希爾家族讓五個兒子到歐洲主要城市創業，很早就懂得全球化經營之道，當然也有可能預測到美國未來的榮景，也打算將觸角延伸至美國（派雅各去美國查探市場），這樣的推論可不是隨便說說。

總之，雅各與洛希爾家族有關係是千眞萬確的事實。

在二十世紀中期以前，庫恩・羅布集團與JP摩根、摩根史坦利的本家——摩根集團都是足以在商場呼風喚雨的金融財團。

猶太人不僅活躍於民間的銀行證券業，在美國的政府機構也有許多優秀的猶太人官員。

最佳例子就是長期擔任美國聯邦準備理事會（FRB，簡稱聯準會）主席職務的艾倫・葛林斯班（Alan Greenspan）。

雖然不少人批判葛林斯班是導致美國房市泡沫、次貸危機（Subprime Lending Crisis）發生的罪魁禍首，但是在他就任期間，深得全球人士的信賴，是一位足以留名青史的聯準會主席。

一九八七年八月，美國國會通過葛林斯班任職聯準會主席的法案，在房市泡沫出現前的二〇〇六年一月爲止，葛林斯班是美國史上任期最長的聯準會主席（連續五期任期）。

不過，葛林斯班就任後兩個月就發生黑色星期一事件，他也遇過無數與金融有關的歷史事件。

因此，提到美國金融界，絕對不能忘了猶太人的存在。因爲美國是全球最大的金融市場，猶太人可以說在全球金融界都佔有一席之地。

猶太人與石油王洛克斐勒

提到美國經濟史，絕對不能遺漏約翰．洛克斐勒（John Rockefeller）這號人物。在曼哈頓超級豪華區矗立了一棟以洛克斐勒爲名的高樓，就算對歷史或經濟不熟悉的人，也應該能聯想到洛克斐勒就是標準的世界富豪。

不過，洛克斐勒並不是含著金湯匙出生的人，他完全是靠自己打拚，白手起家。洛克斐勒在十六歲時開始工作，是月薪二十五美元的雜工，後來迅速累積資產至大約九億美元，擠進大富豪之列。

洛克斐勒的成功其來有自，他是位天生的商業高手，對於市場趨勢嗅覺敏銳。

在他尚未出社會工作前，將家裡養的火雞賣掉，再將賣得的錢借給鄰居賺利息，他的生意頭腦絕對不輸猶太人。

前面提及洛克斐勒十六歲外出工作，當一名雜工，這時候他任職於一家農作物運輸配送公司Hewitt & Tuttle，洛克斐勒在這間公司透過實務學習企業經營之道。

三年後，洛克斐勒自行創業，經營一間農場。幾年後將觸角伸至石油業。當時的燃料以鯨油為主流，那時候洛克斐勒就已經預測未來廉價的石油將會取代鯨油。

一開始洛克斐勒是投資煉油廠，再透過購併方式買下鄰近的競爭企業，逐漸擴大規模，在美國南北戰爭結束的五年後，也就是一八七〇年，成立標準石油公司（Standard Oil Company of Ohio）。後來，標準石油公司收購已在全美國建立配送運輸網路的競爭企業，到了一八七九年，標準石油公司掌控了全美九成的煉油業。

美國第一的石油王就此誕生。

不過，不是每個人都能靠石油成功。煉油公司如雨後春筍般林立，競爭非常激烈，許多公司都因爲石油價格下跌而破產。

洛克斐勒則一步步收購競爭對手的公司，讓事業版圖越來越強大。可是，他所率領的標準石油公司規模實在太龐大，已經變成托拉斯化的企業，整個市場幾乎都由標準石油公司所壟斷，也因此遭遇不少的批評。

最後美國最高法院判決標準石油公司違反「反托拉斯法」，命令集團解散。不過，洛克斐勒在脫手集團旗下各公司時，因爲賣掉這些公司的股票而大賺一筆，**讓他的資產增加為大約九億美元**。

洛克斐勒於九十七歲時辭世，他的兒子約翰．洛克斐勒二世繼承其事業。二世的兒子尼爾森．洛克斐勒（Nelson Rockefeller）本想參加美國總統選舉，卻遭到強力政敵尼克森（Richard Nixon）的阻撓，後來福特當上總統，任命尼爾森爲副總統。

洛克斐勒家族不僅在產業界擁有巨大版圖，也將事業觸角延伸至金融業。

身爲第三代接班人的尼爾森之弟、大衛．洛克斐勒（David Rocke）自一九七〇年代至一九八〇年代，擔任大通曼哈頓銀行（The Chase Manhattan Bank）的董事長兼執行長。二〇〇〇年九月，大通曼哈頓銀行購併JP摩根。

創辦人約翰・洛克斐勒的弟弟、威廉（William Rockefeller）以左右手的身分活躍於業界，還參與花旗銀行（National City Bank，現在花旗集團的前身）的成立。在一九六〇年代，洛克斐勒集團與摩根集團、花旗集團並稱爲紐約三巨頭，協助美國企業的全球化發展，以及提供資金給大型的購併案。

有不少人指稱，洛克斐勒家族與猶太人顚峰代表的洛希爾家族處於對立狀態，爲了推動家族事業全球化，兩個家族不斷地競爭。

然而，聰明人應該都知道在金融世界裡，無謂的對立可是會讓自己一分錢都賺不到。在應該合作的時候，是否彼此手牽手一起開創事業比較實際呢？

總而言之，美國因爲有洛克斐勒家族的石油業及猶太人金融業的結合，才可以取代大英帝國，確保世界霸主之位。

關鍵人物：約翰・洛克斐勒

(1839～1937)
出生於美國。16 歲時開始工作，在一家農作物運輸公司擔任雜工。3 年後自行創業，經營農場，然後將事業焦點鎖定在石油業。
後來，透過不斷的企業購併，成立標準石油公司。1879年，標準石油公司掌控全美國90%的煉油業。
美國最高法院判定標準石油公司違反反托拉斯法，下令公司解散。以 97 歲高齡去世。

二戰後的美國經濟

一九八〇年七月，在共產國家蘇維埃聯邦的首都莫斯科舉行夏季奧運會，可是，以美國爲首的西方國家全都沒有出席參與。因爲蘇聯攻打阿富汗，各國以不出席夏季奧運會爲抗議。

可是，法國、義大利等歐洲各國有出席，英國是政府下達不出席夏季奧運的指示，但是英國奧運委員會卻違背指示，派選手團與會。另一方面，奉行社會主義的國家中，中國與伊朗也沒有參加。

很明顯可以看出來，當時全世界的冷戰氣氛正高漲，才會有這樣的結果。然而，在經濟方面，全球化的程度已經愈來愈深了。

因爲世界霸主的美國經濟也面臨危機。在一九六〇年代，美國的經濟成長可用勢如破竹形容，可是進入一九七〇年代，停滯性通貨膨脹（Stagflation）的問題愈來愈嚴重。

更雪上加霜的是，一九七三年爆發第一次石油危機，一九七九年又爆發第二次石油危機，導致物價快速上漲。

爲了抑制通貨膨脹，美國聯準會不得不繼續祭出金融緊縮政策，一九八一年美國的最優惠利率竟超過百分之二十。

或許你會大感驚訝，怎麼美國也曾經有過如此高利率的時代。在通貨膨脹問題異常嚴重之際，美國的執政者是雷根總統（Ronald Reagan）。

雷根總統後來推行名爲「雷根經濟學」（Reaganomics）的大膽經濟政策。

安倍政府所提出的安倍經濟學就是仿效這位雷根總統的政策而命名。所以說，雷根經濟學是安倍經濟學的參考範本。

雷根總統的這個政策當然也遭到批判，不過，所謂政策成效本來就不會立刻展現。而且當時美國正受雙赤字（財政赤字與貿易赤字）之苦，一定要做好心理準備，可能會出現其他副作用。

看來，整個世界已經達到混沌的顛峰了吧？一九八一年三月，發生了一件震撼全球的事件。

雷根總統遭一名精神病患者刺殺。結果是刺殺未遂，但雷根總統卻因遭到槍擊而命危。

以全球觀點來看，當時確實可以說是個混亂的時代。

一九八二年四月，阿根廷軍隊登陸英國領土的福克蘭群島（Falkland Islands），並予以佔領，導致兩國開戰。

這就是歷史上的福克蘭群島戰爭的開端，戰爭持續到該年六月，直到英國成功降伏阿根廷軍隊才結束。

自從世界局勢變得如此混沌以後，美股股市也陷入長期低迷。雷根總統卸任後，紐約道瓊指數還是繼續下跌，一九八二年八月，來到更低點。

景氣呈現所謂「全面悲觀」的狀態。

華爾街已死？

不過，瞭解行情走勢的人，或許已經察覺到了。留名青史的美國投資專家約翰．坦柏頓（John Templeto）留下這樣的名言。

「行情總在絕望中誕生，在半信半疑中成長，在憧憬中成熟，在希望中毀滅。」

二〇〇八年七月，坦伯頓辭世，他應該有親眼看到一九八二年八月紐約道瓊指數跌到低點的場面，恐怕那時候他也抱持著相同的想法。

美國具代表性的經濟雜誌《商業週刊》後來刊出一篇主題爲「華爾街已死」的

專題報導。換言之，市場充斥著悲觀的言論，然而很諷刺地，在大家同感悲觀的那一瞬間，美股指數來到最低點。

一九八七年的黑色星期一、一九九八年的LTCM危機、二〇〇一年發生多起恐攻事件，然後到了二〇〇八年發生雷曼事件，雖然一直以來股市都出現好幾次暴跌的情況，可是，如果觀察紐約道瓊指數的長期月線圖就會知道，一九八二年八月是上漲起點，而且維持長期上漲局面，而且持續寫下史上最高點。

我又要離題了，想在此針對LTCM危機簡短說明。LTCM是一支避險基金的名稱，全名爲「Long Term Capital Management」（長期資本管理），因爲一九九八年嚴重化的俄羅斯財政危機而出現極大損益，導致基金破產，這波衝擊影響了全球股市。

雖然行情走到悲觀極點，但是約翰．坦柏頓此時大大發揮他的投資長才。在發生前述危機時，坦柏頓究竟使用了哪些手段，我並不清楚，但是就我所知，他一定以跟世上多數人不一樣的觀點在觀察行情。

譬如，一九三九年時，當坦柏頓知道歐洲地區爆發第二次世界大戰時，他馬上貸款當資金，集體買進美國市場中跌至一美元以下的股票。因爲他預測未來所謂的「軍事特需」市場會非常活絡。

在一九四五年第二次世界大戰結束後，他馬上將目光轉移到被戰火蹂躪爲一片荒野的歐洲地區，大舉買進歐洲企業的股票。

多數人都認爲歐洲景氣會低迷好一陣子，但是坦柏頓卻看到了復興需求。

據說坦柏頓也依據他一貫的觀點，大量買進因戰敗讓經濟跌至谷底的日本股票。坦柏頓當然每次都預測正確，才能夠讓自己的名聲屹立不搖。

當社會觀點或媒體看法是全面悲觀或全面樂觀的一面倒情況下，常會讓人產生錯誤的見解。

在行情大跌時，大家就會感嘆「會永無止盡下跌吧？」；當行情達到顛峰時，就會信心滿滿地說：「應該還沒到頂。」

一九八二年八月以後的紐約道瓊指數走勢就是最佳證明，我從歷史學到的東西，讓我更加認同坦柏頓留下的名言。

我們絕對不能被大局的走勢牽著鼻子走，不能隨波逐流。

紐約道瓊指數會持續上漲？

閱讀至此，各位應該都知道，雷曼事件之後流傳的謠言正好與事實相反。

「百年一次的金融危機！全球經濟會持續低迷一段時間！」

當時只要一打開電視，就會看到學者們蹙著眉頭，重複說著這句話。問題確實非常嚴重，可是那件事發生後沒有幾年，全球經濟已經復原，事情的發展完全出乎學者們的預測。

尤其就投資而言，雷曼事件可說是百年難得一次的大好機會。事件爆發後，除了美國，全球的主要股市指數都應聲大跌，這樣的情勢導致半年後發生一件大事。

雷曼事件發生時間是二〇〇八年九月，翌年的三月九日紐約道瓊指數狂跌至六千五百四十七美元。

然後，在美國聯準會結束寬鬆政策，思索開始提高利率的二〇一五年，紐約道瓊指數距離最低點已大漲三倍，創下史上新高。

所以怎麼想，這都是讓大家成為有錢人的千載難逢好機會。而且，行情會反走向的不是只有股市而已。

在雷曼事件爆發前，隨著新興國家的經濟成長，導致市場需求擴張，西德州中級原油（West Texas Intermediate，WTI）價格暴漲。

西德州中級原油就是美國德州西部及新墨西哥州東南部生產的石油，這項期貨價格被視為是原油的國際指標。

一九八九年底，價格只有十美元的西德州中級原油上漲氣勢走強，到了二〇〇八年，價格衝破一百美元，在雷曼事件爆發前夕還漲到一百五十美元。西德州中級原油價格跟股價一樣，在雷曼事件之後也是暴跌，可是後來領先股市，於翌年一月開始上漲。

我在前面提過，一直以來美國股市也歷經多次暴跌。可是，後來還能夠不斷地長期上漲，是因爲人們爲了追求獲利，紛紛將資金投入美國股市，才造就榮景。

滯留於美國的資金會一直因金融與石油之間的平衡狀況而波動。當艾克森美孚石油（Exon Mobil Corporation）、雪佛龍公司（Chevron Corporation）等大型石油企業盈餘大漲，自然而然股市指數也會大漲。

很湊巧地，這兩家公司的前身都是洛克斐勒所創立的標準石油集團旗下的子公司。不只是洛克斐勒，在美國，石油與金融永遠斷不了關係，兩者會一起興盛，也會一起衰退。

預測未來 原油價格會一直下跌嗎？

二〇一四年夏季以後，原油價格暴跌，跌破五十美元。可是，紐約道瓊指數一開始也是隨之「下跌」，但是後來又上漲。

當時以中國為首的新興國家景氣成長遲緩，全球需求鈍化，這就是導致原油價格暴跌至半價以下的原因之一。以前被認為不合成本的頁岩氣和頁岩油因技術革新之故，可以降低成本，於是大量採掘，使得供應量大增，進而影響石油價格。

頁岩氣和頁岩油存在於地底下數千公尺的堅硬岩盤層（頁岩層），二十一世紀以後發明了「水壓爆破」技術，可以突破岩層，採掘頁岩氣和頁岩油。關於這項新能源，美國的埋藏量是世界第二，隨著產量的增加，美國也將轉型為石油純輸出國。

於是，原油市場的供需逆差擴大，加上不知爲何石油輸出國組織（OPEC）沒有祭出減產對策。於是，在期貨市場大家紛紛抛售原油，更加速原油價格的下跌速度。

大家都認爲石油輸出國組織這樣的作爲，等於是自找死路。不過，爲什麼會演變成這樣的情況呢？

關於原油價格暴跌，我推測有兩個原因，兩個原因都跟石油輸出國組織的實際盟主國、沙烏地阿拉伯有關。

其中一個原因是，沙烏地阿拉伯**為了將伊朗和俄羅斯逼到絕境，堅持不減產**。

就如衆所周知，在石油輸出國組織中，伊朗一直是處於孤立的地位，因爲打算發展核武，對其他中東國家形成威脅。另外，對於攻打烏克蘭的俄羅斯，親歐美的沙烏地阿拉伯也絕不容許。

沙烏地阿拉伯擁有強大的市佔率，就算原油價格跌至十美元，也是老神在在。但是，伊朗就會撐不住了。俄羅斯一直都是靠石油和天然氣賺取外匯，原油價格暴跌，當然也會受不了。

推測原因①是因爲基於安全保障考量，沙烏地阿拉伯刻意讓原油價跌。這也是不無可能。

至於推測原因②，應該是**沙烏地阿拉伯對付美國的對策**。石油輸出國組織如果未經仔細思考就下令減產，減產部分就會被頁岩氣和頁岩油取代，最後市場就會被美國搶走。

前面提過，原油價格就算跌至十美元，沙烏地阿拉伯還是有利潤可賺。可是，頁岩氣和頁岩油的企業盈餘底限爲六十～八十美元。換言之，推測②是基於經濟層面的理由。

那麼，各位讀者支持哪個預測呢？或者有人認爲①和②都有可能。

如果要提出第三個推測，應該是與抵制恐怖活動有關。據說IS（伊斯蘭國）掌控伊拉克的煉油設施，私運石油圖利。

當原油價跌，私運石油會變得沒有利潤，自然就能斷了恐怖組織的資金來源。

或許可以這麼說，原油價格下跌是IS帶給國際社會的副產物。

量化寬鬆政策的效應即將浮現？

雷曼事件後，美國經濟復原速度比想像中還快。二〇〇八年十一月起聯準會公布實施、**史前未見的大規模金融寬鬆政策**是促使美國經濟快速復原的原動力。

首先是第一輪量化寬鬆，時間持續到二〇一〇年六月。

本來，利率下降是量化寬鬆政策常見的配套措施。可是，因爲利率已經是零，沒有空間可以再降低利率，如此一來就會讓市場的資金供給「量」增加。

這個政策提供了美國市場高達一兆七千二百五十億美元的大量資金，可是，景氣恢復的步伐依舊緩慢，於是，二〇一〇年十一月起實施第二輪量化寬鬆，讓市場再獲得六千億美元的資金。

翌年六月政策結束，這時候景氣也露出恢復的徵兆，但失業率仍是居高不下。於是，二〇一二年九月開始公布實施第三輪量化寬鬆。

這時候，聯準會大舉買進流通於市場的不動產抵押貸款證券（Mortgage Backed Securities，MBS），再將這筆資金提供給民間使用。因爲這個策略奏效，美國經濟確實出現復甦跡象。

最後在二〇一四年十月，聯準會的資產買進額度爲零，第三輪量化寬鬆結束。量化寬鬆政策正式劃上句點。

後來，聯準會金融政策大洗盤，一直在尋找升息的時機。反過來說，當覺得必須升息來抑制投資過熱時，表示美國景氣復原力道更強。

總之，二〇一五年開始，美國眞正好景氣時期已到來。依照經驗，股市指數上升帶動原油價格上漲是理所當然的事。

然而，雖然只是預測，原油價格卻因爲前面所述的幾個原因，價格依舊低迷中。

這樣的現象或許在告訴各位，**自十九世紀以來，依賴金融與石油致富的時代已經結束了**。

此外，回顧雷曼事件後至第三輪量化寬鬆結束的過程，讓我們又得到另一個啟示。

結果就是，如果沒有經過整整五年的歲月，將無法見到金融寬鬆政策的效果。畢竟是差一步就要變成經濟大恐慌的極度不景氣狀況，當然復原時間也拉長。

尤其是美國，一定會使盡全力不讓自己步入日本的後塵。

美國曾被取笑景氣會「日本化」，透過日本，美國深切明瞭一旦陷入通貨緊縮惡性循環（Deflation Spiral）的泥沼中會是多麼可怕。

因此，美國聯準會不會像日本銀行那樣，把自己弄到無後路可走，老早就祭出對策，徹底實施金融寬鬆政策。安倍政權上台後，日本也終於開始學習美國，祭出相同政策。

現在正是創造巨額財富的分界點？

雷曼事件的發生就像觸發器，讓全世界受到波及，深陷金融危機中，同時也讓人們深刻體會到時代正在改變的事實。那就是「大量生產、製造產品」營造好景氣的模式已經瓦解了。

十八世紀中期，英國打出第一砲，到了十九世紀也影響其他先進國家，這場工業革命透過「大量生產、製造產品」的模式，營造景氣擴張的美好景象。

這個時代的象徵產業為汽車工業。

在雷曼事件爆發的翌年，美國汽車產業三巨頭之一的通用汽車（General Motors）破產，二〇一三年總部所在地的底特律市政府財務破產，這些事件都可以說是時代正在改變的最佳象徵。

儘管光靠生產很難讓經濟出現跳躍式成長，美國紐約道瓊指數卻創下新高點，來到一萬八千點，因爲取代製造業的產業已經崛起了。

今後不再是硬體物品支撐景氣的時代，而是軟體。資訊相關產業與生技相關產業將取代通用汽車，成爲經濟成長的支柱。

相較於因金融與石油合作造就繁榮的十九至二十世紀，二十一世紀是資金與創新（創業）結合，造就巨富的時代。

我在第一章已提過，在堺屋太一先生的著作《知價革命》中，早就預言這樣的時代即將到來。

前一個世紀的人們可能想不到因爲社群網站的問世，人們的牢騷也能成爲一項產業。

往後時代的三巨頭產業應該就是網路、生技、機器人，日本企業也必須在這些產業一決勝負。

說得更具體的話，關鍵就是在**資訊通信**、**醫療**、**人工智慧（AI）**三大領域會培育出什麼樣的成功企業。

蘋果是最早譜寫出成功故事的企業。

蘋果股票的市價總值高達七十兆美元，堪稱全球規模最大。蘋果的市值相當於一個小國的國內生產毛額，透過蘋果的月線圖變化，可以說蘋果將《知價革命》所造成的震撼變成了事實。

史帝夫．賈伯斯（Steve Jobs）與史蒂芬．沃茲尼克（Stephen Wozniak）共同開發了全球第一台的蘋果電腦，於一九七六年創立蘋果公司。賈伯斯生產的產品贏得世人絕大好評，四年後公司股票成功上市，在一九八五年時，蘋果公司出現大轉機。

「你要一輩子賣汽水？還是要跟我一起改變這個世界？」

當時是百事可樂總裁的約翰．史考利（John Scully）在賈伯斯的這番話勸說下，離開了百事可樂，跳槽至蘋果擔任執行長。可是，後來賈伯斯卻被史考利趕出蘋果。

不過，後來蘋果的經營一直陷入低迷。在瀕臨破產前夕的一九九六年，賈伯斯再回歸蘋果，歷經顧問、臨時執行長等職務，二〇〇〇年成爲正式執行長，創造了iPod、iPhone、iPad等產品，成功地將創新與財富結合在一起。

二〇一一年夏季，蘋果市價總值達到世界第一。然而誰也想不到，賈伯斯在兩個月後辭世。

接下來，哪個產業會誕生第二個蘋果呢？答案目前不明，但是有件事我敢大膽在此呼籲。

那就是，**愈早投資新型創新產業相關企業的人，創造巨富的可能性愈高。**

美國的繁榮能永續維持嗎？

現在，我們已經回顧完世界霸主、美國的歷史，她的榮景能持續到何時呢？

美國許多企業已經適應「大量生產、製造產品」轉型爲「知價革命」時代的趨勢，而且也成功轉型，美國的繁榮應該會繼續維持。

總之，後美國時代一定會到來。預測未來半世紀，美國一定會有所改變。

我在本書的序已提到，中國是取代美國，成爲世界霸主的最佳候選人。可是，中國共產黨不可能領導世界。中國或日本要取代美國，成爲世界霸主之路或許困難重重，但是，二十一世紀絕對是亞洲的世紀。

換言之，亞洲將引導全球經濟。日本和東協各國是否要盡好自己的義務呢？

因爲，**全球資金將流入亞洲地區**。

人才聚集的地方，就是資金聚集之處。在亞洲有許多人才，而且，世界各國的人才也來到亞洲。

以前的時代軍力是強弱的象徵，能夠生產衆多產品的國家掌控全世界。

但是，現在已經是資金與資訊力支配的時代。

烏克蘭的情勢就是最具體的例子。歐美各國與俄羅斯的對立雖日益嚴重，然而現在與舊時代不同，在經濟壓力的作用下，讓各國不得不退一步。這也可以說是一種情報戰（外交）。

關於武力衝突的方式，也因爲創新的崛起而產生變化。一架無人機意圖墜毀在日本首相官邸就是最好的例子；還有中國在各地展開的網路攻擊戰也說明了一切。

現在就資金募集力而言，美國依舊是稱霸，但就如前面所述，一旦日本和東協各國聚集了人才及資金，趨勢將會大轉變。

最後以線圖分析爲依據，預測今後的美股走向。由線圖的推演，表示美國經濟會持續成長。

前面提過，一九八二年八月正是紐約道瓊指數從七百七十六點的低點，開始轉爲長期上漲趨勢的起點。

到了二〇一五年，指數突破一萬八千點，在過去三十多年的歲月裡，美股漲幅超過二十三倍。

此外，一九八二年的日經平均指數是六千八百四十九點。在二〇一二年十二月安倍經濟學行情開跑前，長期以來日經平均指數都在七千點、八千點游走。終於在二〇一五年四月漲回至兩萬點。但是相較於一九八二年的低點，漲幅還未達三倍。

我又離題了；紐約道瓊指數從一九八二年的低點，持續長期上漲，到了二〇〇七年十月創下一萬四千一百六十四點的高點。寫下二十五年期間上漲一萬三千三百八十八點的紀錄。

後來發生次級房貸危機、雷曼事件，導致道瓊指數暴跌，二〇〇九年三月跌至六千五百四十七點的谷底。後來到今日爲止，一直持續上漲走勢。

股市指數線圖的推演證實**「歷史是不斷重複的過程」**這句話是千眞萬確，尤其要留意數值（價格）與時間部分。

若從週期預測紐約道瓊指數，二〇〇九年的七年後，也就是二〇一六年，紐約道瓊指數有可能漲到最高點。

上次以一九八二年爲起點的行情上漲高點是二〇〇七年的一萬四千一百六十四點，漲幅是一萬三千三百八十八點。這個數字加上這次大行情的起點、二〇〇九年三月的低點六千五百四十七點，指數將會來到兩萬點。

也就是說，如果二〇一六年的紐約道瓊指數接近兩萬點時或衝破兩萬點的話，這將是這一次長期看漲行情的第一個高點。

換言之，雷曼事件後的大規模金融寬鬆政策行情將轉爲業績行情，造就最高點。

不論是哪個情況，**在往後的兩三年，美國股市將影響全球股價及景氣**。

CHAPTER V

從日本歷史看未來

日本的轉捩點年表

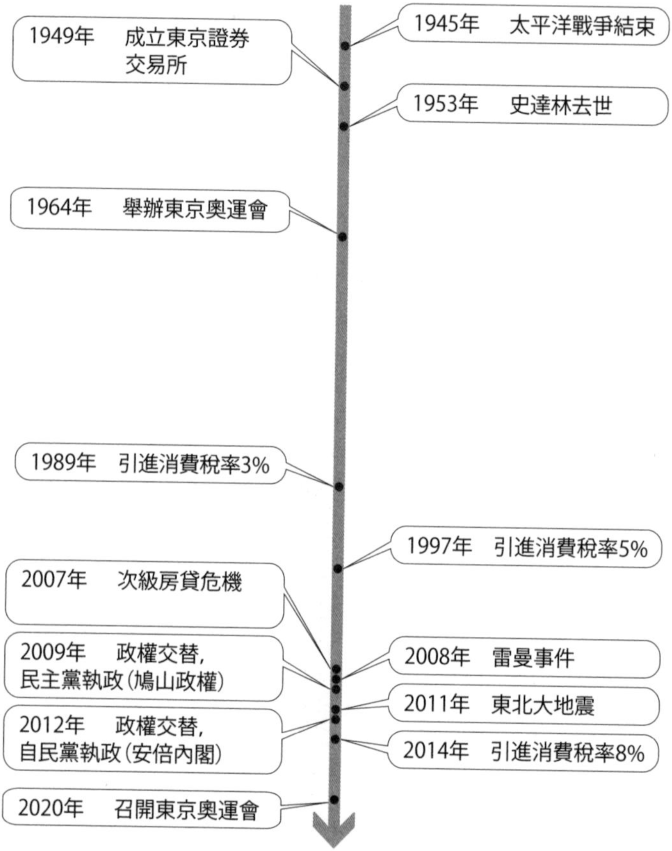
1945年　太平洋戰爭結束
1949年　成立東京證券交易所
1953年　史達林去世
1964年　舉辦東京奧運會
1989年　引進消費稅率3%
1997年　引進消費稅率5%
2007年　次級房貸危機
2008年　雷曼事件
2009年　政權交替，民主黨執政（鳩山政權）
2011年　東北大地震
2012年　政權交替，自民黨執政（安倍內閣）
2014年　引進消費稅率8%
2020年　召開東京奧運會

戰敗就是出發點

說到八月十五日，不少日本人都會馬上想起昭和天皇的「玉音放送」吧？

一九四五年七月，軸心國的德國、義大利已經投降，日本的敗象也非常明顯，美國杜魯門總統（Harry Turman）、英國邱吉爾首相、蘇聯史達林總理於德國波茨坦（Potsdan）會談。

此三人與中華民國的蔣介石主席聯名簽訂了要求日本無條件投降等十三項條件的外交文書，也就是教科書上一定會學到的《波茨坦宣言》。

當時報紙刊登「降伏條件愚蠢至極」或「政府默殺人民」等標題，表示日本不願接受這份文書。

可是，在廣島、長崎相繼被投下原子彈後，堅持不投降的日本政府終於在八月十四日通知同盟國，接受《波茨坦宣言》。

翌日，也就是八月十五日，透過玉音放送發表了《終戰詔書》，那一刻等於宣布日本戰敗。

同年九月二日，日本政府簽署了降伏文書，同盟國訂這一天爲對日戰勝紀念日，同時這一天也是第二次世界大戰終結日。

相較於高唱勝利凱旋之歌的同盟國，這一天對所有日本人而言，不用說當然是大受打擊。而爲了撫平如此強烈的衝擊，至少需要十年時間。

第二次大戰結束後，日本經濟跌至深不可見的谷底。人民屢屢遭政府無理地調度戰爭資金，整個國家和人民都非常貧困，連食衣住都有問題。東京方面已是一片荒野，一切眞的只能從零開始。

回顧日本歷史，解讀現代時，人們通常會將目光停留在明治維新的那段歷史吧？

可是，**我認為以承認第二次大戰戰敗的那一刻為出發點，檢證後來的發展，來預測今後日本經濟的走向，或許會更加準確。**

如果能瞭解日本承認戰敗的那一刻到今日的日本經濟趨勢之波動，自然就能清楚預測未來。

因此，首先回顧終戰後的情況。

終戰後的四年後，也就是一九四九年的四月一日，日本成立東京證券交易所。翌日，重新啟動日本國內的股市交易。再翌年，朝鮮戰爭爆發，因為軍事特需出現，日本經濟稍微恢復元氣。

股市也反映景氣，上漲力道強勁，不過，軍事特需只是帶來短暫的好景氣，畢竟全國尚處於復興未殆之際。

果眞好景不常，一九五三年三月，蘇聯史達林總理去世，這個消息讓股市大跌。

這就是所謂的**史達林衝擊**。躲在北韓背後的蘇聯就要面臨接班人問題，大家都在推測，該不會發生接班人戰爭？韓戰會提早結束（沒有特需市場）吧？

其實該年七月就簽定停戰協定，日本進入所謂「昭和二十九年不景氣」時期。

直到第二次世界大戰結束的十年後，也就是一九五五年才終於擺脫低迷景氣。

這一年，在政界誕生了領導戰後日本的自由民主黨；在產業界，豐田汽車發表了皇冠汽車（Crown）。這時候可以說是日本經濟成長的起點，好景氣一直持續到一九八八年泡沫經濟達到顛峰之時。

反映景氣的股市當然也出現相同的波動軌跡。

景氣和股市行情當然是不斷地依循週期而波動，所以當發生尼克森震撼事件、石油危機、日圓升值導致不景氣時，股價也是跟著應聲暴跌。

不過，如此仔細觀察超長期的走勢，從一九五五年至一九八九年的三十四年期間，日本經濟與日本股市都是呈上漲走向。

經過高度成長期，日本經濟一口氣爬到泡沫的頂點。

第二次大戰結束後，重新振作，發奮圖強，等到回過神時，日本已經是世界第二大經濟體。可是，**後來泡沫經濟崩盤，政府的態度、日本銀行突然實施金融緊**

縮政策，加上後續的錯誤對策，讓日本景氣走入所謂「失落的二十年」的長期低迷期。

在失落的二十年期間，也曾出現資訊產業泡沫景氣，讓景氣暫時好轉，也出現過戰後最大規模的景氣擴張局勢，但就像曇花一現，人民完全無感。

不過，不論是前者或後者，日本的GDP成長率依舊低迷，人民完全無法感覺到景氣有好轉跡象也是不爭的事實。

結果，在雷曼事件發生後的半年，也就是二〇〇九三月，日本經濟和股市跌至眞正的谷底。

換言之，現在正處於從谷底攀升的途中。

預測未來　太陽還會再升起嗎？

日本經濟在一九八〇年代末期達到泡沫經濟最高峰，接下來出現長達二十年的低迷期。二〇〇九年三月，日本股市跌至泡沫經濟後的最低點、七千零五十四點。

可是，雖然後來稍露曙光，執政的民主黨卻迷失了方向，又發生東北大地震。直到二〇一二年十一月將政權轉移至安倍手上，才終於好轉。

股市一路漲到二〇一三年五月，經過短暫調整，年底再上漲，總算漲到眾所期盼的一萬六千點。一年之內股市上漲五千八百九十六點，回顧過去，這樣的漲幅足以擠進前五名之列。

接下來的走勢違反了股民的期待，二〇一四年年初就下跌，一直到秋季都處於盤整局面，不過，到了十月，當日本銀行總裁黑田東彥宣布追加實施量化寬鬆政策

（俗稱第二發黑田火箭）後，股市急漲，年底時來到一萬八千點。

到了二〇一五年，首先呈現弱勢，然後一股作氣衝破一萬八千點，順利攀升至一萬九千點，到了四月來到睽違十五年的兩萬點。

這些都是過去的事，重點應該是未來走勢。

在二〇〇〇年的資訊產業泡沫時期，大家對於網路相關企業抱持高度期待，認爲未來可期，日經平均指數漲到兩萬點。

因此，現在回顧那段歷史的話，股市上漲只是暫時性行情，隨著希望的落空，又開始暴跌。

相較於當時，現在日本企業的生產力無疑更加提升，日經指數的兩百二十五家上市公司的每股盈餘（EPS）也大爲增加。

日本企業的盈餘確實增加了，股市也會因此而持續上漲嗎？

而且，**二〇二〇年將舉辦東京奧運**，在這之前，股市大跌的風險有限。

現在正是命運的分歧點，對於未來的預測有兩種推測，一是在奧運前夕，開始實施安倍經濟學的日本經濟及股市指數的上漲趨勢會來到頂點嗎？或者因爲奧運會非常成功，而帶動新一波漲勢嗎？

如果二〇二〇年後日本黃金期降臨，樂觀預測日經指數會漲到三萬至四萬點，或者漲到五萬點。

可是，如果再次衰退的話，將永遠無法超越泡沫時期的史上最高點、三萬八千九百五十七點。

日本人民當然迫切希望樂觀預測能夠成眞。二〇二〇年的東京奧運究竟會讓指數走到頂點？還是新一波上漲期的起點呢？

因此，接下來以最客觀的線圖分析來預測前者預言的日經指數走向，並且針對造就出這個結果的背景分析。

二〇一六年，日股指數會創下歷史新高？

爲了檢證未來的預測，想將焦點鎖定於第一章介紹過的行情週期。行情是以三年、七年、二十年、六十年的週期而循環。

現在，首先想提的是，日經指數從一九八九年年底的史上最高點持續下跌，在大約二十年後的二〇〇九年三月十日，跌至谷底。然後以這個點爲起點，指數一直呈現上漲趨勢。

二〇一三年底，指數突破一萬六千點的障礙牆，因爲期中發生東北大地震，導致三年週期略往後延。

其實後來好像爲了趕上速度般，從二〇〇九年三月算起的六年後，也就是二〇一五年二月，指數衝破一萬八千點。

根據七年週期原理，或許在二〇一六年時，日經指數會創下歷史高點。二〇一五年的漲勢將會影響二〇一六年的漲幅水準。

這次長期波動的出發點就是前面所提的二〇〇九三月，可是，一直到二〇一二年十一月，指數都是在低點盤旋。

因此，我們就來預測看看，安倍經濟學行情造就的此次上漲走勢會持續至何時。換言之，這次要將二〇一二年十一月四日的八千六百點視爲谷底出發點。

從掉到谷底的二〇〇九年開始算起的七年後，也就是二〇一六年夏天，有可能創下泡沫經濟崩盤後的歷史高點。把二〇一五年的衝破兩萬點當成目標值，下一個目標值應該是一九九六年的兩萬二千六百六十六點的高點。

如果在二〇一五年年底，指數突破兩萬二千六百六十六點的話，確實就是大行情到了。

換言之，到了二〇一六年，可能會重現一九八九年的歷史高點、三萬八千九百一十五點。

如果情勢如此發展，期望會在東京奧運前實現，日經指數來到高點，安倍經濟學行情也告結束吧！

為何股價本來就該上揚？

以上是根據日經指數的走勢，進行現況分析及未來預測。接下來想將泡沫經濟崩盤後的日經指數走勢也列入討論。

我一再提過，一九八九年十二月，日經指數創下史上最高記錄、三萬八千九百一十五點，接下來的二十年期間，日經指數跌跌不休。

翌年（一九九〇年），指數從年初的三萬八千七百一十二點一路下滑，到了年底跌至兩萬三千八百四十八點，下跌了大約一萬五千點。

接下來，在一九九二年寫下兩萬三千八百零一點的高點，一九九四年是兩萬一千五百五十二點，一九九六年是兩萬二千六百六十六點，然後就下跌，到了二○○○年，曾經漲回至兩萬八百三十三點，後來都沒有再攀高點。

線圖分析時，會將所有出現的高點連成一直線，稱爲趨勢線（Trend Line），當成判斷指數走向的指標。

當趨勢線往下，也就是所謂的下跌趨勢。

當指數開始突破趨勢線，往上漲時，可以判斷趨勢轉換點已到來。其實在二○○七年，美國發生次級房貸危機前夕，日精指數的趨勢線一直往上走。

但是，當次級房貸危機發生後，指數也應聲下跌，一直持續到雷曼事件以後，等於趨勢轉換徹底失敗。然後再歷經五年的沉痛期，終於出現安倍經濟學行情，趨勢才反轉。

到了二○一五年，日經指數終於衝破趨勢線。因此，從週期走勢來看，歷史高點出現的可能性很高。

那麼，在什麼樣的背景下，才能讓指數這般上漲呢？

想知道答案的話，首先要找出「爲何股價本來就該上揚？」的根本理由。

指數明顯上漲時，主要有以下三個因素。

①出現大手筆買家。

②好景氣報到。

③出現資產通貨膨脹現象。

其中的①，在身邊就能嗅到大變動的氣息。近幾年外國投資人在日本股市的交易佔有率超過一半，日本股市與這些海外投資人主戰場的美國股市連動性高，也是造成這個現象的原因之一。

不過，尤其是二〇一五年以後，美國股市雖然沒有大幅上漲，卻只有日本股市一枝獨秀，上揚力道很強。許多海外投資人都積極買進日本股票。

可是事實上，未給日本股市高度評價的海外投資人也不少。這些人看著日經指數快速上揚，開始出現恐慌，害怕自己買不到日股。

總之，**在二〇一五年，海外投資人回歸日本股市**。

因爲日本的政府年金投資基金（GPIF）重新審定投資方針，並且確實執行，大幅提升持有日股的比例，才能造就這股強大的「回流」。

沒錯，因爲相當大咖的買家出現了。

日本銀行大舉買進指數股票型基金（ETF），這應該也是日本銀行所實施的量化寬鬆政策的一環。於是，有了龐大的公家資金支撐買進。

關於②，雖然二〇一四年四月以後因爲消費稅上漲，導致股市和景氣大跌，但後來也出現逐漸好轉趨勢。日本企業的營收也非常好，在二〇一五年的春鬪（日本勞工在每年春天發起的勞工運動）吹起調薪旋風，薪資所得也上揚。

而且還吹來原油價格大跌的神風。

日本是個資源仰賴進口的國家，擔心會因日圓貶值導致進口物價上揚，但因爲原油價格下跌，讓人民減輕負擔，手邊就有多餘的資金。

關於③，因爲股價已經上漲至這個地步，早就聽到資產通貨膨脹的腳步聲了。因爲資產通貨膨脹，會與股市一起上揚的最佳市場代表就是房市。房市也出現相同的波動趨勢，關於這一點需要稍微詳加說明。

因此，接下來房市就是討論主題。

區域差距造成房市上揚

現在日本股市和房市齊漲，換言之，資產通貨膨脹的戲碼正在上演中。加上日圓貶值，資金也流進外匯市場及外匯商品。

如果是美國人，看到這樣的情況，應該有許多人會毫不猶豫地投資股市或買進不動產吧。

美國人之所以資金雄厚，因為他們勇於積極投資。

我在第一章提過，皮凱提因爲提出「投資獲利會超過薪資所得」的理論而聲名大譟，然而事實上不用他說，早在很久以前我就知道這個道理。對每個人而言，投資就是最有效的致富方法。

而且，現在已經不是以預言的口氣說：「日本股市可能會持續上漲」的情況，是這件事已經發生了。如果再遲疑，就會失去大好機會。

如果你想成為有錢人，現在應該馬上學習投資之道。

不過，這次的資產通貨膨脹不會像一九八〇年代末期的泡沫經濟行情，出現萬物皆漲的現象。不論股市或房市，選別色彩都比以前還要鮮明。

總之，若以日股爲例，企業差距、各股之間的「優勝劣敗」相當明確。房市也一樣，優劣差異的傾向非常明顯，大都會區與地方城市已出現極大差距。

我現在的執筆時間是二〇一五年一月一日，全國公告地價已經連續七年下跌，可是，三大都市圈（東京、大阪、名古屋）的住宅地、商業地的平均公告地價是連續兩年上漲。在商業地方面，三大都市圈有七成的地點是上漲，地方城市則是有七成下跌。

在地方城市方面，仙台市、廣島市、福岡市等據點城市地價有上揚跡象。銀座的一級區、名古屋車站周邊地區、因北陸新幹線開通而成爲焦點的金澤市等的大都市中樞地區，出現兩位數的上漲數字。

在以前的泡沫經濟時代，區域開發相當熱絡，連之前沒人會喜歡的北海道山野地區也出現天價般的交易數字，不動產價格一路飛揚。日本的地價變成美國的好幾倍，現在回想起來，當時的現象任誰看來都會覺得是異象。

對比之下，在已經出現的資產通貨膨脹時期，應該會上漲的個股或不動產，會出現許多買家，另一方面，不值得投資的標的物，則是會乏人問津。因此，你一定要培養選擇投資標的的眼光。

不過，也不要把這件事想得太難。選對積極創新的企業，未來一定可以從股市獲得高報酬。

或者，人才和資金聚集的地區或城市，這些地方的不動產也是絕佳的投資機會。

只有真正有價值的企業或不動產才能得到正當評價，這本來就是天經地義的事，破沫經濟時代萬物皆漲的現象根本是異常。最後，**泡沫經濟崩盤的副作用讓日本陷入長達二十年的痛苦深淵中**。

那麼，能造成創新的是哪個領域的企業呢？在說出核心答案前，我想先再說明一件事。

雖然有點繞遠路，接下來想討論這個主題。

雖說投資是累積財富的方法，但相較於美國，日本的投資風氣不算非常興盛。

那麼，各位是否知道接下來我要探討的主題嗎？

創業率最低的日本

在美國，若要舉出創業成功案例，可說是多到不勝枚舉。微軟（Microsoft）、谷歌（Google）、蘋果（Apple）、亞馬遜（Amazon）、臉書（Facebook）、推特（Twitter）等，都是隨手可拾的好例子。

在日本，軟體銀行、樂天、Mixiu也算是大家熟悉的成功創業案例，但是相較於美國，數目明顯少很多。

那麼，到底我要討論的問題重點是什麼呢？因爲日本是所有已開發國家中，創業率最低的國家。

創業就是成立公司，透過自己獨特的商業模式，追求利潤成長。投資是致富的方法，在美國透過創業挑戰自我可能性的人是絡繹不絕。

我平常也跟年輕的創業經營者有深交，還擔任他們的諮詢顧問。但是我強烈認爲，應該要有更多人創業才行。

與外國相比，日本的創業率低並不是因爲個性不適合創業。其實回顧歷史，日本也誕生許多稱霸世界的創業家。

此時，大家應該會馬上聯想到松下電器（現在的Panasonic）創辦人松下幸之助先生、本田技研工業創辦人本田宗一郎先生、索尼（SONY）盛田昭夫先生等人。

另一方面，澀澤榮一先生的創業家精神也值得敬佩。

澀澤榮一先生出生於幕府末期、家鄉是現在的埼玉縣深谷市，他任職於幕府後，遠赴歐洲視察。

回國後，於大藏省（現在的財務省）推行各項法規制度，後來轉往產業界發展，成立日本第一間銀行、第一國立銀行（現在的瑞穗銀行）。

他的成就不止如此，東京瓦斯、麒麟啤酒、札幌啤酒、王子製紙、日本郵船、日本鐵道等今日廣爲人知的企業，都與他有關。

因此，大家稱呼他爲「日本資本主義之父」。

此外，培養出諾貝爾得獎者的島津製作所是島津源藏先生於明治時代初期所創辦的企業。

一開始的家業是製造花瓶、香爐、燭台三款佛具，但是因爲住家附近成爲京都產業發展的據點，島津源藏先生認爲「科學立國才是日本未來的發展方向」，於是成立島津製作所的前身公司、理化學器械製造。

島津先生也是日本電池（現在的GS Yuasa）的第一任社長，一九一七年從美國進口電動汽車「底特律一號」。據說進口後，換成自家公司生產的電池，直到一九四六年都當成自家車使用。GS Yuasa的GS就是島津源藏先生姓氏的縮寫。

當我們回顧歷史時，常會發現因爲有許多創業家勇於創業，才造就日本產業發展，促進經濟成長。

而在創業精神旺盛的美國，在矽谷以外的地區也陸續誕生許多新興企業，大家都在追求遠大的夢想。

美國支援人民創業的系統也非常完善，這也可以說是造就美國強大創業能力的背景因素之一。在美國存在著許多被稱爲天使的投資人，他們會出資讓有希望的創業人創業，一直以來都在支援創業活動。

這些天使們會購買他們認爲值得投資的創業企業的未上市股票（Private Equity），成爲這些企業的股東。

當投資的企業如期待成長，可以首次公開募股（Initial Public Offerings）時，這時候的股票市值已經超過當初買進的好幾倍，而擁有高報酬。

美國的未上市股票市場也非常成熟，可以透過私募股權基金投資。美國的投資環境比日本完善成熟，可以隨時投資覺得親近的企業，享受其成長的果實。

未來在日本，未上市股票的投資應該會變得普及化。成爲有錢人的第一步就是要比任何人提早關注這方面的趨勢。

不過一般說來，大家對於未上市股票並不陌生，反而常聽到關於「未上市股票」的詐欺事件，看來未上市股票的市場需要加強整頓。

關鍵人物：澀澤榮一

(1840～1931)

農家之子，幫忙家業之餘，從小就向父親學習學問。

後來，在一橋慶喜麾下做事，實力獲得認同。27歲時，跟隨後來的水戶藩主德川昭武遊歷歐洲各國，增廣見聞。

明治維新後，於靜岡成立「商法會所」。後來進入明治政府工作，以大藏省官員身分，致力創新國家的事務。辭去大藏省職務後，以民間經濟人身分，以第一國立銀行為據點，鼓勵創業，致力上市公司的成立及養成，終其一生輔導過大約500家企業創業成功。

投資基礎建設基金！

除了私募股權基金，個人希望還有另一項投資標的能在日本普及化。

這項投資標的就是「基礎建設基金」（Infrastructure Fund），日前已經引起全球矚目。

二〇一五年二月下旬，東京證券交易所旗下的日本交易所集團宣布，將於國內開設基礎建設基金市場，頓時這件事在金融界成爲熱門討論話題。

在記者會上，日本交易所集團執行長齊藤惇發表談話說：「希望透過基礎建設資金，讓國家財政不再窘迫，可以有效率地運用民間資金。」

「基礎建設基金」是把向投資人募得的資金，用於整備道路、發電所、鐵路、機場、港灣等基礎建設（社會資本）的投資基金（投資信託）。

向投資人募得的資金與向銀行貸款的資金全都當成資本，利用這個資本於已開發國家或新興國家投資新的基礎設施或購買既有的基礎設施。

也可以買進基礎建設公司的股票或投資基礎建設相關企業的股票。再將賣出基礎設施的獲利或營運收益所得的報酬還給投資人。

在日本，如果提到基礎建設，總被認為是國家或地方政府所投資的公共事業。不過，仙台機場的營運卻委託給民間企業，前述的觀念已經落伍了。

其實歐洲在很久以前就讓民間資本參與基礎建設的整備作業或營運作業。最早推動這個政策的國家是英國，在一九八〇年代首相柴契爾夫人（Margaret Thatcher）執政時，就已經推動基礎建設相關事業的民營化。

此外，澳洲政府就是將部分的年金基金用在投資基礎建設，澳洲麥格里集團（Macquarie Group）和美國高盛公司等世界級金融機構也有投資基礎建設基金。

政府之所以將基礎建設的整備及營運等作業委託給民間企業，國家財政惡化是原因之一。

不過，民間的創意與巧思確實可以節省成本、提升服務品質、強化風險管理，連帶地也讓使用者滿意度提升。

如果投資基礎建設基金的投資人也能獲得相對的報酬，眞的是皆大歡喜。因此，國外的基礎建設相關事業全是官民合作，這也是理所當然的事。

基礎建設基金也會把太陽能或風力、地熱等再生能源的發電設施視爲投資對象，如此一來，對於打造乾淨的綠色社會也能有所貢獻。

而且像發電、瓦斯等基礎建設事業的收益不太會受到景氣變動影響，所以基礎建設基金的報酬是穩定的。

因爲每個國家投資的基礎建設項目不同，獲利性與風險之間的關係當然會有極大的差異，所以可能會與你所期待的報酬略有落差。

不過，一般說來都有百分之七～十的獲利，把新興國家基礎建設視爲投資標的的基金當中，有的基金可望得到倍數以上的報酬。

可期待的獲利愈高，當然相對風險也高。總之，我非常期待日本國內能盡快推出這項新金融商品。

規制鬆綁促進資金流動

通常各領域所訂的規制可以保護既得利益，也能安定行政，但同時也阻礙競爭力的發展。

因此，日本政府也好幾次緩慢地規制鬆綁，試圖強化競爭力，活絡景氣。

一九九〇年代末期的日本金融界投出一顆震撼彈，主張利息、外匯交易、股票交易手續費等要自由化。自從宣布後，有些領域確實獲得改善，但是在既得利益大的領域裡，因爲遭到相關團體或官員們的強烈抵抗，始終無法改革成功。

這些規制就如堅若磐石，無法打破的「岩盤規制」。因此，安倍政權祭出的第三支箭就是以規制鬆綁爲主，企圖促進經濟成長。

全國農業合作社中央會解體就是其中一項措施，廢除掌管全國約七百處區域農業合作社的全國農業合作社中央會的監察權及指導權，預計在二〇一九年三月前，將全國農業合作社中央會轉型爲一般社團法人組織。

光只是施行這項措施，當然不可能馬上活化農業。

因爲全國農業合作社中央會握有全國農村部選票，是自民黨的票倉，應該會給政府壓力，持續頑強抵抗。

不過，能做出這樣的宣布，也算是往前邁一大步。政府可能是想從外部慢慢瓦解全國農業合作社中央會。

接下來應該會斷然實施同意組成農業股份有限公司等的規制鬆綁措施。

如此一來就會變成人人都能參與農業的投資環境，可以讓農業發展爲高生產性、高收益性的產業。於是，可以支持這項活動，又能擁有報酬的農業基金也登場了。

然後，個人金融資產也跟著活絡，光是農業一個領域的自由化，就能帶來這麼多的美好效應。

除了農業，教育或醫療體系等一向被堅硬規制束縛的領域也該用鐵鎚敲碎圍牆，讓自由競爭活絡化。

這些就是所謂的**成長策略**。一直以來因規制的緊箍咒而毫無競爭力的領域，也漸漸活化起來。

換言之，今後規制嚴謹的產業將會出現不少的機會。這些機會一定會影響日本經濟。

此外，我在前面有提過，創新也是加速日本經濟成長的推動力。這方面最有希望的產業爲網路、生技、新能源、環保生態。

美國蘋果公司的股價在十年內漲了兩百倍，在日本也很有可能出現擁有這番成功故事的企業。可是，如果你想早日知道是哪家企業的話，平時就要努力蒐集情報。

這項工作並不難。

譬如，你想知道最近新上市公司的資訊，在網路上就能輕鬆蒐集資訊。

此外，透過網路搜尋的話，可以找到人氣電玩手機軟體的集客排行榜，或許能從這份資料意外找到合適的投資標的。

養成每天檢閱排名二十名以內的公司資料，如果有新公司出現，馬上詳細調查。

現在一家名爲「KLab」的電玩軟體開發公司因爲新開發的手機電玩軟體「LoveLive!」擠進排行榜前十名，讓公司股價擺脫長期低迷期，而大幅上漲。

雖然這家公司很晚才從一般手機電玩領域轉型進入智慧型手機電玩領域，但還是透過電玩軟體的開發，讓公司營運起死回生。

睽違二十年的日本股市大好機會

總而言之，我可以肯定地說，睽違二十年的日本股市大好機會即將到來。

從一九八九年十二月開始算起大約二十年的時間，也就是二〇〇九年三月十日，日本經濟與股市都跌至谷底。

因此，每逢二十年正是「日本股市大好機會」降臨之時。

在通貨緊縮時代是零機會，每個人都堅守保守原則。

因此，持有現金的人最富有，可是，當景氣反轉爲通貨膨脹後，持有現金就不是創造財富的成功方程式。這時候積極投資的話，如果眼光準確確實能回收高報酬；相反地，如果毫無作爲，現金價值絕對會減少。

容我再提一次，十八世紀至十九世紀是「軍事力取勝的時代」。也就是「製造業的時代」。在這樣的時代，需要的是生產能力。能夠大量生產汽車、戰車、飛機的國家，就是軍事力強大的國家。

可是，現代的生產現場已經轉移至新興國家，相較於製造業的時代，環境已經產生巨大改變。

進入二十世紀後，漸漸轉型為「經濟力取勝的時代」。使用大量生產產物品賺得的資金購買大型武器，後來又發展爲錢滾錢的金融產業。

可是，到了二十一世紀，又出現改變的徵兆。二〇〇八年的雷曼事件就是促使改變的關鍵因素。

這時候人們有了深切的覺悟，清楚錢不是萬能，同時也如堺屋太一先生於其著作《知價革命》所言，透過創意培育附加價值，才是造就大成功的關鍵。

也就是說，**「智慧力取勝的時代」**已經到來。最佳代表產業就是物聯網（Internet of Things。把所有東西都串連在一起）。

在區域網路（Local Aera Network）稱霸的時代，已經進步到可以將電腦或行動電話的遠端資訊，以及通信機器等設備互連在一起，實現數據傳輸與資源共享的目的。接下來，有線網路變成無線網路，再進化爲寬頻網路。

至於互聯網，就是讓充斥於街頭的所有物品具備通信功能，透過網路連結或相互通信傳輸，而可以自動控制或遠端操作這些物品。譬如，透過全球定位系統隨時掌握行駛中的巴士位置，或是通知公車到站時間的傳輸系統，都是互聯網產物。

此外，在電力領域，智慧電網（Smart Grid）的構想正在進行中。這是會將電流予以最適化的電網，當然也有運用到互聯網技術。

於每個家庭或企業安裝名爲「智慧型電表」（Smart Meter）的新型電表，透過傳輸功能，將使用電量的數字資料傳輸至電力公司。

如此一來就可以清楚掌握電費，妥善控制供電量，完全不會浪費絲毫電力。

最近成爲熱門話題的自動駕駛汽車也是互聯網產物。其他如教育與網路結合、醫療與網路結合的方案也在進行當中。

當互聯網深入各個領域之時，日本企業當然也會擁有更多飛黃騰達的機會。

在新能源產業，在日本有家名爲「Egulena」的公司，專門提煉眼蟲身上的油脂，當做噴射機的燃料。

在每個人價值觀都在改變的新時代，有多少間企業能夠戰勝而存活呢？如果能早日找出這樣的企業，進行投資，你一定能成爲有錢人。

亨利．季辛吉的預言意義？

因爲中國將勢力延伸至海洋領域，而與周邊國家發生嫌隙，因爲釣魚台的問題，與日本產生對立。

雖然呼籲日本政府要重新審視一直以來過度仰賴美國的安全保障制度的聲浪越來越強大，在此我想介紹二〇一五年一月三日《讀賣新聞》所刊登、前美國國務卿亨利・季辛吉（Henry Alfred Kissinger）針對此事的論述內容。

季辛吉在尼克森及福特執政的時期，擔任國家顧問、國務卿等職務，在越戰進行和平交涉時，扮演了舉足輕重的角色，一九七三年獲頒諾貝爾和平獎。

季辛吉是猶太裔德國人，在納粹黨崛起之時，全家離開祖國，在第二次世界大戰開始後，取得美國國籍。他曾從軍加入歐洲戰線的軍隊，後來在哈佛大學的政治學系擔任教授，還擔任共和黨總統提名候選人尼爾森・洛克斐勒的外交顧問。

洛克斐勒陣營後來落敗，但在贏得總統之位的尼克森邀請下，出任總統的國家安全顧問，從此走入政壇。

季辛吉的外交政策最重視**全世界的整體「勢力平衡」**。在他的任內，尼克森總統成功造訪中國，也成功與蘇聯簽定第一階限武條約（SALTI）。

我好像又離題了，關於《讀賣新聞》的專訪，季辛吉給了以下的巧妙回答。

「日本在戰後復興，培養經濟實力的那一刻起，對於本國安保承擔更多責任，對於國際安保發揮更積極的作用，乃是無可避免的事。總而言之，日本將成爲一個『普通國家』。」

在專訪中，季辛吉還對未來的日本發展提出三項建議。具體內容如下。

①維持原有的日美同盟關係，繼續當個經濟大國、軍事小國。

②不要只依賴日美的同盟關係，日本也要推出屬於自己的國家主義外交政策。

③日本要親近可能會成為新霸權國家的中國，以及東北亞各國。

換言之，這就是季辛吉對於日本未來安保狀況的預言。你預測未來的日本會朝哪個方向發展呢？

最現實的選擇是①，這樣日本未來的局勢就不會受到中國動向影響。還有，如果選擇②的路線，東亞關係將會緊張。因爲最後日本可能會發展核武。

至於③，日本國內的保守派應該會激烈反對。

季辛吉指出，「環顧圍繞中國周邊的國家，每個國家都透過與美國合作的關係，維持勢力均衡狀態。」可是，他又說：「我也不贊成只以美中關係爲基軸的外交政策。」

對安倍經濟學、安倍政府而言，往後日本與國家安全保障有關的外交難題，才是眞正該解決的課題。集體自衛權、憲法修改等，表示日本也一直在摸索合適的新國家型態。

可是，關於這一點，季辛吉也發表了他的意見。

「以前的歐洲有英國當平衡者（Balancer）。所謂的平衡者就是要關懷弱國，有能力維持區域勢力平衡的國家。現在的亞洲，顯然並沒有平衡者存在。」

如果日本能成爲平衡者，將對促進亞洲和平及繁榮有重大貢獻。可是，最後有可能夢想成眞嗎？

關鍵人物：亨利・季辛吉

(1923～)
出生於德國。因受到納粹迫害而舉家遷移美國。
第二次世界大戰時從軍。
後來，成為哈佛大學教授，之後進入美國政府工作。1973 至 1977 年期間，擔任美國第 56 任國務卿。1973 年獲頒諾貝爾和平獎。卸任後，成立跨國諮詢公司「季辛吉顧問公司」(Kissinger Associates, Inc.)，擔任董事長。現在以國際政治學家身分活躍全球。

CHAPTER VI

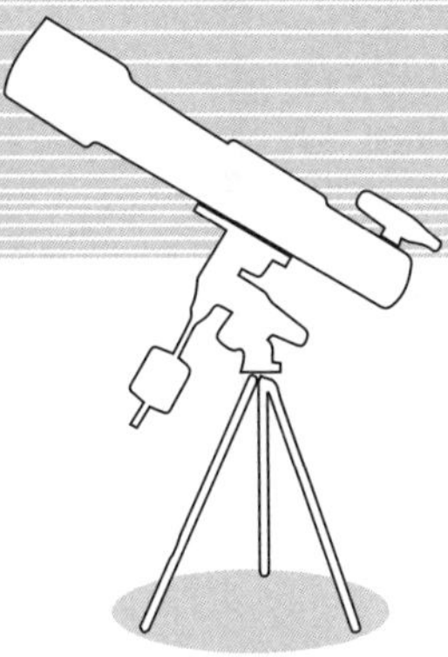

從亞洲歷史看未來

亞洲的轉捩點年表

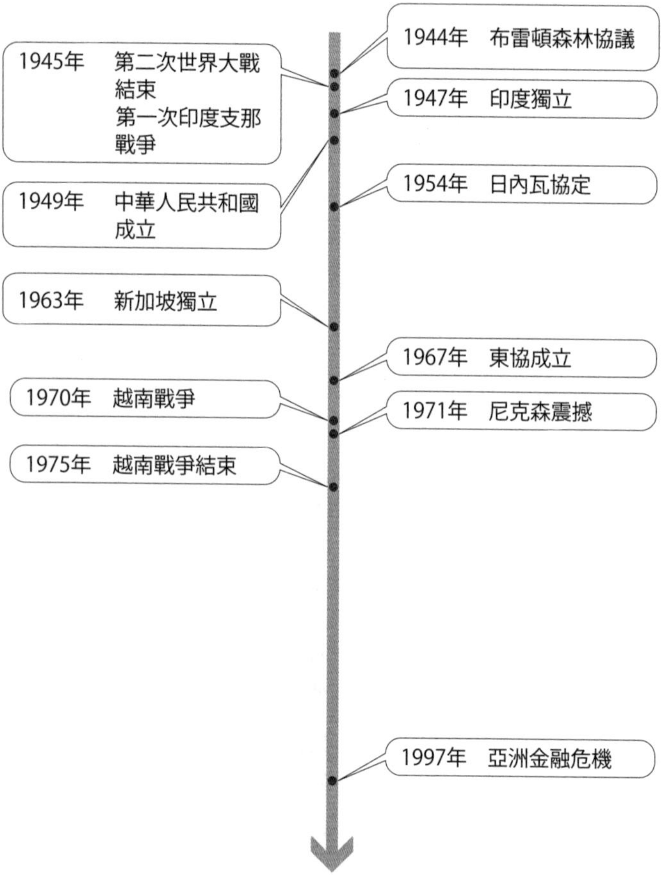
1944年　布雷頓森林協議
1945年　第二次世界大戰結束　第一次印度支那戰爭
1947年　印度獨立
1949年　中華人民共和國成立
1954年　日內瓦協定
1963年　新加坡獨立
1967年　東協成立
1970年　越南戰爭
1971年　尼克森震撼
1975年　越南戰爭結束
1997年　亞洲金融危機

全球金流再度回到亞洲

在我之前的拙著《世界金流往東走！》（書名暫譯，Forest出版）中，我預測「世界金流將從西方走向東方」，現在這個預測即將成眞。

第二次世界大戰前，全球金流往英國走，戰後則流入美國，現在是正往亞洲移動。

爲什麼會演變成這樣的情況呢？如果仔細觀察關於金流的國際走向，就會知道原因。

在二戰結束的前一年，也就是一九四四年七月，聯合國的四十四國代表聚集在美國新罕布夏州的布雷頓森林（Bretton Woods）。爲了協商第二次世界大戰結束後的國際貨幣制度。

關於國際貨幣基金組織（International Monetary Fund）的協定，也是於這場會議中簽定。以這時候簽定的協定爲依據，於一九四五年十二月成立國際貨幣基金組織，翌年業務開始進行。

這時候所決定的國際貨幣制度一直沿用至今。

因爲這個貨幣制度稱爲布雷頓森林制度，以前英磅是世界基軸貨幣，這次會議以後便將寶座拱讓給美元。

那麼，基軸貨幣的定義又是如何呢？

基軸貨幣是指在貿易結算時，可以全球通用，幾乎世界各地都通行的貨幣。

雖然有學者指出，布雷頓森林制度已經瓦解，但至少現在美元依舊被視爲是基軸貨幣。主張布雷頓制度已經瓦解的人認爲一九七一年的尼克森震撼是導火線。

一九六〇年代，美國投入巨額戰資於越戰，結果導致政府財政赤字擴大。而且，又陷入大量美元流出海外市場的窘境。

當時採用每單位貨幣價值等同若干重量黃金的金本位制度，可是，美元鈔的發行量遠遠超過美國持有的黃金額度。所以，美國總統尼克森眼見這樣的逆差狀況，因此於一九七一年八月宣布，停止以美元兌換黃金。

在那一刻，美元便失去了可以兌換黃金的價值，後來因爲美元的價值性喪失，導致美元大貶值。所以才會有這麼多的學者指出，在尼克森發表宣言的那一刻，布雷頓森林制度就瓦解了。

可是，在單純紙鈔化之後，不久美元又復權，再次以世界基軸貨幣身分通用全球。**因為世界各國早已廢除金本位制度，所有貨幣都已經紙鈔化了**。

關於貨幣價值，已從原來的兌換黃金價值，轉換爲以各國的經濟力爲依據。就意義層面來看，布雷頓森林制度已瓦解，可是，就算以經濟力爲價值標準，美元依舊贏過其他貨幣，稱霸天下，屹立不搖。

倒不如說布雷頓森林制度從這時候開始才出現根本變化比較貼切吧？

衆所皆知，從十幾年前開始，金磚四國（巴西、俄羅斯、印度、中國）崛起，四國當中，中國在國際社會的存在感快速升高。

全球資金已經開始朝蘊含著高度成長力的亞洲地區跑。可是，中國的動向則會讓這股資金流動向更爲活絡。同時，美中對立也會更加激烈。

預測未來　人民幣會成為基軸貨幣？

近年來，中國頻繁進出海洋地區，與周邊各國產生領土糾紛。而且，爲了掌握這些地區的制海權，準備建設軍事基地。中國的目標是在二〇四〇年左右，擁有不輸美國的海軍實力。

就表面來看，純粹是防禦性策略，但是中國之所以有這些行動，很有可能與周邊海域深層蘊藏豐富天然資源有關。中國的目標是成爲亞洲盟主，與美國同列爲霸權國家。

中國的眞正目標應該是想取代美元，讓人民幣成爲世界基軸貨幣。可是，這個目標不可能一朝一夕就能達成。

前述的防禦計畫至少需要五十年以上的長期展望期，中國人的展望期很短，只有十年單位，人民幣要成爲基軸貨幣，起碼要等到一百年以後。

儘管如此，中國早已開始佈局，部分地區已經使用人民幣貿易結算。亞洲基礎設施投資銀行（Asia Infracture Investment Bank，簡稱亞投行）的構想或許也是佈局的一環。

亞投行是由中國提議成立，且由中國主導的國際機構，就如其名，這間銀行的功能就是對於亞洲地區需要基礎建設的地方提供資金。當中國提出這個構想之際，亞洲以外的各國並未表達關注之意。

因爲，原本就有亞洲開發銀行（Asia Development Bank）的國際機構存在。該機構的總部位於菲律賓的馬尼拉，針對亞太地區的經濟發展活動，提供資金援助。

亞洲開發銀行成立於一九六六年，成員有六十七個國家及地區。最大出資國是日本及美國，歷任總裁都是日本人。事實上，日本銀行總裁黑田東彥的前一個職稱就是亞洲開發銀行總裁。

雖然已有亞洲開發銀行存在，當中國提出成立亞投行時，包括英國、德國、法國等歐洲主要國家在內，有五十七個國家聲明要成爲亞投行的創始會員。對於這件事，與亞洲開發銀行淵源甚深的美國及日本，保持審慎態度。

因爲亞投行的功能明顯與亞洲開發銀行重複，且出資者或機構負責人在營運方面不夠透明。無秩序的融資決定恐會導致不履行債務的問題頻繁發生，也可以預想得到，中國一定會爲所欲爲。

對於這些批判，中國反駁亞投行是專爲基礎建設提供資金援助的機構，亞洲開發銀行將任務鎖定對亞洲貧窮國家紓困即可。

暫且不論中國的這番辯解是否具說服力，但已有五十七個國家希望加入，成爲創始會員也是不爭的事實。

萬一，亞投行完全由中國掌控，對全世界擁有強大影響力的話，人民幣成為世界基軸貨幣的可能性會非常高，亞投行將成為達到此目標的最大推動力。因此，務必繼續觀察亞洲基礎設施投資銀行的今後發展。

何謂亞洲基礎設施投資銀行？

亞洲基礎設施投資銀行（AIIB）是由中國所提議與主導而成立的機構，2015 年正式成立。是個著重於亞洲地區基礎建設投資及融資的國際開發金融機構。

創始會員國（時間點是 2015 年 6 月）

中華人民共和國、內蒙古自治區、菲律賓、越南、寮國、柬埔寨、泰國、緬甸、馬來西亞、新加坡、汶萊、印尼、孟加拉、印度、尼泊爾、斯里蘭卡、馬爾地夫、巴基斯坦、塔吉克、哈薩克、吉爾吉斯、阿曼、卡達、科威特、阿拉伯聯合大公國、沙烏地阿拉伯、以色列、伊朗、土耳其、約旦、紐西蘭、韓國、澳洲、英國、法國、德國、義大利、盧森堡、瑞士、奧地利、俄羅斯、巴西、荷蘭、喬治亞、丹麥、埃及、葡萄牙、西班牙、芬蘭、挪威、馬爾他共和國、冰島、波蘭、瑞典、亞塞拜然共和國、南非共和國

非會員國

日本、美國、加拿大、台灣、北韓等

注意

今後發展值得矚目！日本到底會不會加入？

預測未來的中美日關係

雖然以全球標準來看，中國的人均GDP依舊處於低水位，但是總體GDP已經超越日本，成爲全球第二名。

當中國的經濟力更強化，軍力也擴張時，未來日本該對中國採取什麼樣的態度呢？

關於因應日益壯大的中國，我想了幾個預測方案。具體設想了以下三種情況。

情況① 美日同盟關係更強化（中日對立激化）

日本爲了抵抗中國的威脅，在國家防禦方面，不能只依賴美國駐軍，也要發展本國的軍事力。這個結果會讓中日的對立關係更尖銳化，而且在往後的十年內，中日關係會更緊張，或者美日與中國會發生軍事紛爭或衝突。

情況② 摸索新的美日同盟關係（日本走出自己的路）

這個情況的前提是日本要擺脫親美關係。日本不再特別重視美國的外交及經濟政策，而是採取獨自的方針。

不過，並不是從此跟美國絕裂。而是將一直以來對美國唯命是從的關係，轉換爲兩國對等關係。

也就是說，在經濟、軍事防禦方面，日本的角色及責任比重會變多。這種情況下，日本會企圖擴張軍事力。當北韓或中國的核武威脅升高，日本當然也會發展核武。換言之，日本會採取「自主防禦」路線。

情況③ 建立實質的中日經濟同盟關係（親中）

日本承認中國是亞洲盟主，並且以夥伴身分支援中國。然後，中日一起管理亞洲經濟。

繼明治時代的英日同盟、二次世界大戰時的日德義三國同盟、戰後的美日同盟，也締結了類似中日同盟的戰略夥伴關係。可是，如果中國共產黨繼續執政，頂多只是經濟同盟的關係。在這種情況下，美日同盟仍會繼續維持。日本與美國的同盟關係會弱勢化吧？

不論是哪個情況會確實發生，亞洲的勢力版圖勢必會大爲改變。

因此，接下來我想將焦點擺在每個情況成真後，會造成的影響。

不同情況的中美日關係會造成何種影響？

一波又一波的中國觀光客「爆買」現象，對於日本企業業績及整個日本經濟造成莫大影響，但是這個影響還不及中日之間外交問題造成的衝擊大。

現在來思考看看，前述的三個預測情況，各會造成什麼樣的具體影響。

情況①　美日同盟關係更強化→中日競相投資亞洲

在亞洲，日本與中國將會爲了爭奪市場而激烈對戰。對於東協各國及其他亞洲地區，日本企業應該會採取猛烈攻勢。

政府也會以推動日本企業掌握亞洲市場爲國家政策，而且，美國會在背後支持。

總之，接下來的時代亞洲將成爲經濟活動主戰場，中國與日本會競相投資。現在國家GDP排行榜日本被中國超越，成爲第三名，如果日本在這場戰爭勝利，排名可能有所變更。

情況②　摸索新的美日同盟關係→股市或匯市會呈現混亂局面？

要實現這個情況，需要相當強大的政治力及外交能力。可是，如果日本與美國、中國維持等距關係，讓事情順利進展的話，日本可能會掌控亞洲市場，甚至是歐美市場。

不過，美日同盟關係偶爾會處於不安定狀況，進而影響股市或日圓對美元的行情。

情況③建立實質的中日經濟同盟關係→中國掌控力變強大？

整個亞洲變成龐大的中華經濟圈，日本也在其中徹底扮演著協助者角色。中國政治力當然會更加強大，或許會讓日本不得不承認中國在亞洲地區所擁有的制海權。

換言之，日本就是要捨棄虛名，換取實質（經濟）利益。不過，中日之間發生軍事衝突的風險也會降至最低。不過，如果中美關係惡化，那又另當別論。

那麼，三種情境，你認爲哪個實現的可能性最高？或許你的答案會是②和③。可是，如果日本出現親中政權的話，有那麼一點可能會實現。事實上，安倍政府的某位重要官員、二階政調會長已經率領三千位商界人士訪中。安倍政府的外交政策非常在意中國的動態。

二戰結束後，亞洲戰爭才開始

第二次世界大戰時，日本提出「大東亞共榮圈」的構想。日本呼籲讓東南亞各國擺脫歐美列強的殖民統治，以日本爲盟主，建立共同體制度。

可是，**在東南亞各國的人民眼裡，只是覺得統治者從歐美列強變成日本人罷了**。

結果，一九四五年八月日本投降了，關於後續東南亞各國的發展，或許有許多人不清楚，容我在此解說。

日軍從越南撤退以後，法國打算再把越南變成自己的殖民地。結果導致一九四六年十一月，法國與越南之間爆發正式的武力衝突，戰火馬上就蔓延整個越南。

後來寮國也被捲入這場戰爭，演變成「法越戰爭」，一九五四年簽定《日內瓦協定》，法軍全面撤退。可是，和平並未因此到來。

一九四九年中華人民共和國成立以來，美國一直擔心亞洲各國會連鎖性共產主義化。這就是所謂的「骨牌效應理論」，美國害怕以中國爲起點，就像骨牌效應般，亞洲各國都變成共產主義國家。

「法越戰爭」時，美國是站在法國那一邊，另一方面，蘇聯（現在的俄羅斯）和中國是支援越南。雖然《日內瓦協定》讓越南與法國之間的戰爭結束，但是有美國當後盾的南越與中國、蘇聯當後盾的北越卻從此分裂。

結果導火線引爆，發生了「越南戰爭」。一九六五年，美軍登陸越南的峴港，到一九七五年四月三十日北越軍隊進軍至西貢（現在的胡志明市），當時越南境內全部陷入戰爭火海，戰事還擴大至柬埔寨。

最後北越勝利，終於結束越南國內的混亂狀況，但是就在此時，鄰國的柬埔寨出現由波布（Pol Pot）領導的獨裁政權，大舉屠殺人民，實施高壓政策。還攻擊越南邊境，屠殺越南人民。

於是，一九七八年越南攻打柬埔寨，波布政權瓦解。並且佔領了大半的柬埔寨領土，翌年，支持波布政權的中國攻擊越南，爆發「中越戰爭」。

結果，越軍輕而易舉就驅逐了中國軍隊，中國軍隊戰敗，沒多久戰爭就結束了。吃了敗仗的波布黨羽躲藏在泰國邊境附近的密林。

像這樣的對立局面，不是只限於中南半島周邊而已。日本戰敗後，新加坡歸由英國統治，但在一九五九年承認新加坡的自治權，一九六三年新加坡以馬來西亞聯邦成員身分獨立。

可是，鄰國印尼及菲律賓強烈反對新加坡加入馬來西亞聯邦。自從蘇伊士運河開通，新加坡就扮演著重要的交易據點角色，擔心新加坡成爲馬來西亞聯邦的成員，馬來西亞的權力會加大。

原本在新加坡以中國裔居民最多，華人一向與馬來人主導的聯邦政府不合，一九六五年走向脫離馬來西亞聯邦，獨立爲一個國家的命運。

就這樣，即使第二次世界大戰已經結束，亞洲諸國依舊處於混亂局勢。最後總算一一克服難關，到了最近幾年終於創造出驚人的經濟發展成果。

東西冷戰誕生的組織

一提到東協（ASEAN，東南亞國家聯盟），多數人會認爲跟歐洲的歐盟（EU）、南美洲的拉丁美洲自由貿易協會（LAFTA）是一樣的組織。

這麼想當然沒有錯，可是，東協組織的誕生過程並不是太和平。

戰後美國與蘇聯互相抗衡，進入東西冷戰時期，以及受到冷戰影響，導致第二次世界大戰結束以後，在亞洲地區不斷爆發戰爭，東協就是在如此緊張的氛圍下成立的組織。

當初參加的成員國是印尼、馬來西亞、泰國、菲律賓、新加坡等五國，每個國家都是親美派。因爲越南、柬埔寨等的東南亞國家已遭共產主義滲透，爲了與之對抗，才成立東協組織。

一九六七年五月，東協正式成立，同年八月前述的五國外交部長聚集於曼谷，完成簽約事宜。

這就是所謂的《曼谷宣言》，約定彼此要爲了促進經濟成長，維持和平安定而互相支援協助。可是實際上，因爲缺乏法律依據，遲遲無法提出具體對策。

然而，越戰結束後，中南半島三國（越南、寮國、柬埔寨）陸續轉型爲共產國家。後來因爲「中越戰爭」，讓越南勢力更加擴張，東協五國才不得不更加團結。

越戰結束後的翌年，也就是一九七六年，召開第一次東協首腦會議，一九七七年日本福田赳夫總理也出席，召開日本與東協首腦會議。從這時候開始，日本開始與東協國家親近。

到了一九八〇年代，日本積極直接投資東協國家的政策奏效，東協國家的經濟得以迅速發展。一九八四年，脫離英國獨立的汶萊也加盟東協，但是其他共產國家並未跟隨。

可是，到了一九九〇年代，東西冷戰情勢結束後，一直處於混亂局面的柬埔寨終於回歸和平。這時候開始，東南亞地區的共產主義國家也開始與東協國家建立親密關係。

一九九五年，越南加入東協，一九九七年，寮國和緬甸也加入。一九九九年，終於柬埔寨也加入東協組織，現在的東協組織成員共有十國。

在變成東協十國的期間，**一九七九年發生了亞洲金融危機，但是各國都順利克服這場苦難，創造高度經濟成長的佳績。**

向日本學習！

新加坡建國之父李光耀先生於二〇一五年三月二十三日逝世。李光耀是第一任總理，雖然實施獨裁政策，但是他的優異領導人特質，創造新加坡繁榮的經濟。

新加坡位於馬來半島南端，是個面積只有日本淡路島大小的島國。不過，卻是全球最繁忙的五座港口之一，以世界第四大國際金融中心的身分，成爲亞洲地區的金融交易中心。

各位可能不知道，新加坡的人均GDP（國民生產總值）遠遠超過日本。

可是，新加坡建國之初非常窮困。該地區最早的發展時間是十九世紀，一八一九年英國人湯瑪斯·萊佛士（Thomas Ruffles）於新加坡成立東印度公司交易站，才得以開始發展。

新加坡最高級的萊佛士酒店就是以他的名字命名。後來，英國將馬來半島變成殖民地，但是太平洋戰爭爆發後，日軍佔領此地，被日本統治。

第二次世界大戰後，英國再重拾統治權，直到一九六三年，新加坡才獨立。以馬來西亞聯邦成員身分統合其他的舊英國領地，開始譜出新歷史。

可是，才短短兩年後就面臨分歧的局面。如前所述，新加坡被趕出馬來西亞聯邦，與馬來西亞聯邦分離而獨立。

相較於以馬來人為主的馬來西亞聯邦，新加坡的華人人數比例高，民族對立問題嚴重。

如前所述，印尼和菲律賓等周邊國家皆反對新加坡加入馬來西亞聯邦。

英國為了確保廉價勞力，逼中國人移居新加坡，所以新加坡才會有這麼多的華人。英國想將整個馬來半島變成保護國，進行實質統治，分別於檳榔嶼、麻六甲市、新加坡設立直轄殖民地。

李光耀雖然也曾公開批判聯邦政府優惠馬來人的政策，卻不贊成新加坡脫離馬來西亞聯邦。因爲他認爲只憑新加坡單獨的能力，很難存活下來。

相較於國土雖小，卻擁有豐富石油及天然氣等資源的馬來西亞，**新加坡完全沒有天然資源，連自來水也要依賴馬來西亞供應**。新加坡幾乎沒有農地，食物也是仰賴馬來西亞進口。

一九六八年，英軍駐守部隊決定撤離新加坡，導致在駐守中心工作的人民失業。當時新加坡的經濟可說是極端脆弱，很有可能整個國家就此瓦解。

關鍵人物：李光耀

（1923～2015）
第四代華人。新加坡政治人物，第一任總理。以第一任總理身分就職以後，長期實施威權主義的政治體制，也就是所謂的「開發獨裁政策」，在獨裁政權的統治下，新加坡創造繁榮的經濟。卸下總理職務後，擔任內閣資政。

日本與新加坡的成功

因此，已經做好心理準備的李光耀便積極招攬外資，促進工業化，將國內生產的產品出口至國外，促使經濟發展。在稅制方面提出優惠措施，打造方便外資往來的環境。

另一方面，由政府出資，推動機場、港口、公路等的基礎建設，致力吸引國外觀光客。

他的努力終於開花結果，就業率也提高，一九六〇年代後期高達兩位數的失業率在十年後降到一半。

最後新加坡成爲交通、貿易據點，以及世界金融中心，其實新加坡的仿效國家正是日本。日本只花了三十年時間，就從戰敗的谷底翻身，成爲世界第二大經濟國，而且在亞洲地區也擁有舉足輕重的地位，新加坡當然無法忽視日本的存在。

日本之所以能創下奇蹟式的復甦成果，因為政界、官界、商界組成了堅固的「鐵三角關係」，政府致力打造環境，讓人材與資金集中於大企業，然後由其業生產商品，再將這些商品出口，大賺利潤。

新加坡因爲國內缺乏人才及企業，所以祭出優惠稅制，招攬國外人才及企業進駐。相反地，日本應該向新加坡學習的是，立志把日本打造成觀光大國。日本也因爲即將到來的東京奧運，以觀光立國爲目標，現在也已經看到成果。

如果日本也眞的跟新加坡一樣實施相同政策的話，譬如，大幅降低所得稅，或是讓資本利得稅及配息扣抵稅率變成零的話，全世界的優秀人材及資金都會湧進日本，觀光客人數也會大增。如此一來，日經指數要衝到五萬點也不是不可能。

日本人絕對不能忘記，即使到了現在，亞洲各國仍把日本當成範本。不到半世紀的時間，因戰敗而體無完膚的日本，已經發展爲世界第二大經濟體，當然值得其他國家學習。

「Look East」，向日本學習！亞洲各國領導人都這樣告訴自己的人民。日本是亞洲地區第一個被選爲奧運會舉辦地點的國家，而且是兩次的機會。在世界主要國家如美國、英國、德國、法國、義大利、加拿大等領導人定期聚會討論世界情勢的場合裡，日本是亞洲地區唯一的成員。

此外，在化學或物理學等的科學領域，日本也培養出多位諾貝爾得獎人，在其他亞洲國家，這是非常稀有的例子。

以iPS細胞得到諾貝爾獎的山中伸彌教授就是最佳例子。

國力與人口數未必成正比

之前因爲原油價格等的各種天然能源價格上漲，加上舉辦了世足賽，也是二〇一六奧運的主辦國，讓大家對於巴西未來的經濟抱持高度期待。

巴西的年輕人人口比例很高，之前我提過，勞動人口擴增也是促進國力增強的因素之一。

事實上，在亞洲地區擁有超過十三億五千萬人口的中國也有驚人的發展。可是，中國因爲實施一胎化政策，導致未來勞動人口將減少，大家預估印度將取代中國，成爲勞動大國。

大家都說到了二〇五〇年，中國加上人口大國印度、巴西、印尼等國，將會取代日本、美國、德國、英國、法國等開發國家，主導世界經濟。可是，我並不如此認爲。

因爲，國力與人口數未必成正比。之前提過的新加坡就是最佳證明。

印度擁有十二億五千萬人口，在民主主義國家中堪稱人口數世界規模最大。印度歷史也非常悠久，要追本溯源的話，可追溯至西元前兩千五百年左右的印度文明。

一八五八年以後，長期以來印度都是英國的殖民地，直到大約九十年後，因爲甘地的努力，印度才得以獨立。

可是，儘管印度跟中國不同，是個資本社會主義國家，而且在英國的統治下，股市環境成熟，但是她的經濟成長之路並不順遂。應該說人口過多反而是造成不幸的原因，我認爲印度是因爲人口太多，才會導致經濟無法順利成長。

回顧印度歷史，這個國家的宗教對立問題非常嚴重，也經常發生武力衝突事件或恐怖活動，中央政府根本無法全面統治國家。加上印度特有的種姓制度，階級社會制度也是阻礙印度經濟力發展的主要原因。

雖然印度也在整備基礎設施環境，但是相較於其他新興國家，不得不說實在落後甚多。在印度境內還有無法使用電力的地方，也有不少村落沒有自來水可用，衛生方面存在著嚴重問題。

人口太多反而造成不幸，而且也因爲天候關係，恐怕會出現食物或飲水不足等問題，以上就是印度的現況。現在印度的經濟會因爲該年度的氣候影響，導致成長率出現大逆差。我認爲現在處於繁榮景象的中國也會因人口過多而蒙災，中國政府也不敢面對這道難題。

相較於韓國，日本的人口數也非常多。可是，日本卻能在短短的時間裡，從戰敗的谷底翻身，經濟迅速發展，全拜中央政府統治能力與政界、官界、商界完美合作之賜。

總之，日本是個安定的法治社會。

日本致力生產鐵和水泥等基礎設施必備的原料，輸電網也連結到日本列島的末端地區，而且上下水道整備完全，衛生方面也算是已開發國家之首。

日本政府也致力教育的發展，**國民識字率堪稱是世界第一**。

如果不具備上述要素，就算擁有龐大的人口數字，也很難讓經濟有所成長。

因此，以前的中國才會被取笑爲「沉睡的獅子」，被列強蹂躪。就算是人口大國印度，可能還是會繼續當個「沉睡的老虎」。

FINAL CHAPTER

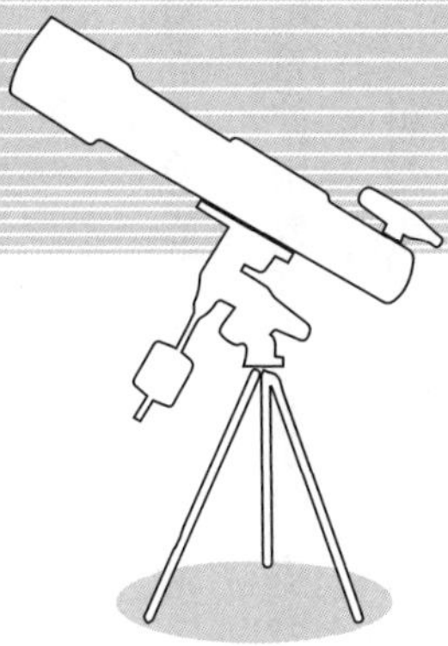

從算命學看未來

何謂算命學？

到目前爲止，我一邊回顧世界歷史，並且預測「未來」。

最後以擁有四千年歷史的中國所創立，預測國家發展、時勢發展的算命學爲依據，展望日本的未來。

中文的「算命」意思就是「預測命運」。

這套算命學是使用發祥自中國的干支曆法占卜未來，在日本認爲占卜人生的方法是易經占卜法，可是，自古以來在中國是使用干支曆法算命學來推演國運運勢。

干支曆法是由十干與十二支組成的曆法。

十干就是甲、乙、丙、丁、戊、己、庚、辛、壬、癸。後來又與陰陽五行說結合。

以前的中國將自然界萬物分爲陽與陰。太陽和奇數是陽，月亮和偶數是陰，這就是最典型的例子。

另一方面，中國人認爲自然界是由金、木、水、火、土五要素所組成，稱爲「五行」。

因爲五行循環，才創造出萬物，而有自然界的形成。

關於十二支，日本人應該也很熟悉。在日本是以動物比喻，其實十二支指的就是子、丑、寅、卯、辰、巳、午、午、未、申、酉、戌、亥。

干支曆法以上述觀點爲基礎，再各以干支表示年、月、日、時。一年之始爲二月的立春，以兩個小時爲一個時辰，再以干支分別表示。

各位讀者閱讀至此，應該會有許多人想起在描述江戶時代的時代劇中，常會出現的「子時」台詞吧？這就是以干支表示時間的典型例子。

從算命學看日本歷史

本書並不是算命書籍，所以要回到正題了。

算命學是以五十年為一個週期，依據一定的法則，在五十年的週期裡一定會發生相同的事件。

五十年的週期裡又分為①**動亂期**→②**教育期**→③**經濟確立期**→④**庶民崛起期**→⑤**權力期**等五個時期。

每個時期的時間為十年，過了十年就進入下一個時期。

算命學認為，當五個時期全部循環一次，又會再回到①的時期。

特別該注意的是，教育期的中間點會歷經所謂的「鬼門」（注二）。「鬼門」出現的年份，人們的心理層面會產生巨大變動，發生足以震撼整個國家的事件。

若以國家的時代推移法則來看，①的起點相當於憲法實施年，在日本，一九四七年就是起跑年。

第二次世界大戰結束後的谷底期，就相當於動亂期。

我在第五章會以第二次世界大戰結束後爲起點回顧日本歷史，就是基於這套算命學的理論基礎所致。

動亂期後面的教育期，大約始於一九五七年左右，在這個時期日本新幹線通車，並舉辦了東京奧運。

「鬼門」出現的年份是一九六〇年左右，日本正好處於美日安保鬥爭熾熱化之時。到了一九六七年左右的經濟確立期，日本經濟有了驚人的高度成長。

到了一九七七年左右開始的庶民崛起期，確立了「一億總中流」（注三）的國民意識。

在一九八七年至一九九六年的權力期，發生具代表性的事件。

那就是泡沫經濟的膨脹與崩盤。

當時全國上下都抱著「Japan as Number One」（日本世界第一）的心態，景氣卻突然滑落谷底，陷入「失落的二十年」的窘境。

在最失意之時，也就是一九九七年左右，新的動亂期到來，這一年大型銀行及大型證券公司紛紛倒閉。翌年修改外匯及外貿管理法，也開始推行**日本版的金融大改革**，實施金融寬鬆政策。

因爲實施金融寬鬆政策，外資體系的金融機構也進軍日本，大藏省（現在的財務省）所推行的保護金融機構的政策也崩盤，金融界陷入激烈的競爭。

在各領域皆出現全球競爭的局勢，亞馬遜、谷歌、蘋果全在世界市場擴張勢力，相對之下，起步晚的日本電機製造業只好落得凋零的命運。

接下來在二〇〇七年左右進入教育期，這時候絕對不能忽略**二〇一一年出現的「鬼門」**。沒錯，這一年發生三一一大地震，以及福島第一核電廠外漏事件。

三一一大地震及核能事件的發生完全出乎意料，我相信未來一定還會發生足以改變日本的大事件。

※（注二）從算命學看國運，每逢奇數年會發生國內大事，偶數年則會發生國外大事，像是內憂外患、天災人禍等等，稱為「鬼門現象」。

※（注三）「一億總中流」又稱為「一億總中產」，這是一九六〇年代出現在日本的一種國民意識，尤其在一九七〇年代及一九八〇年代更為凸顯。在終身雇用制度下，有九成左右的日本國民自認是中產階級，所以才稱為「一億總中流」。

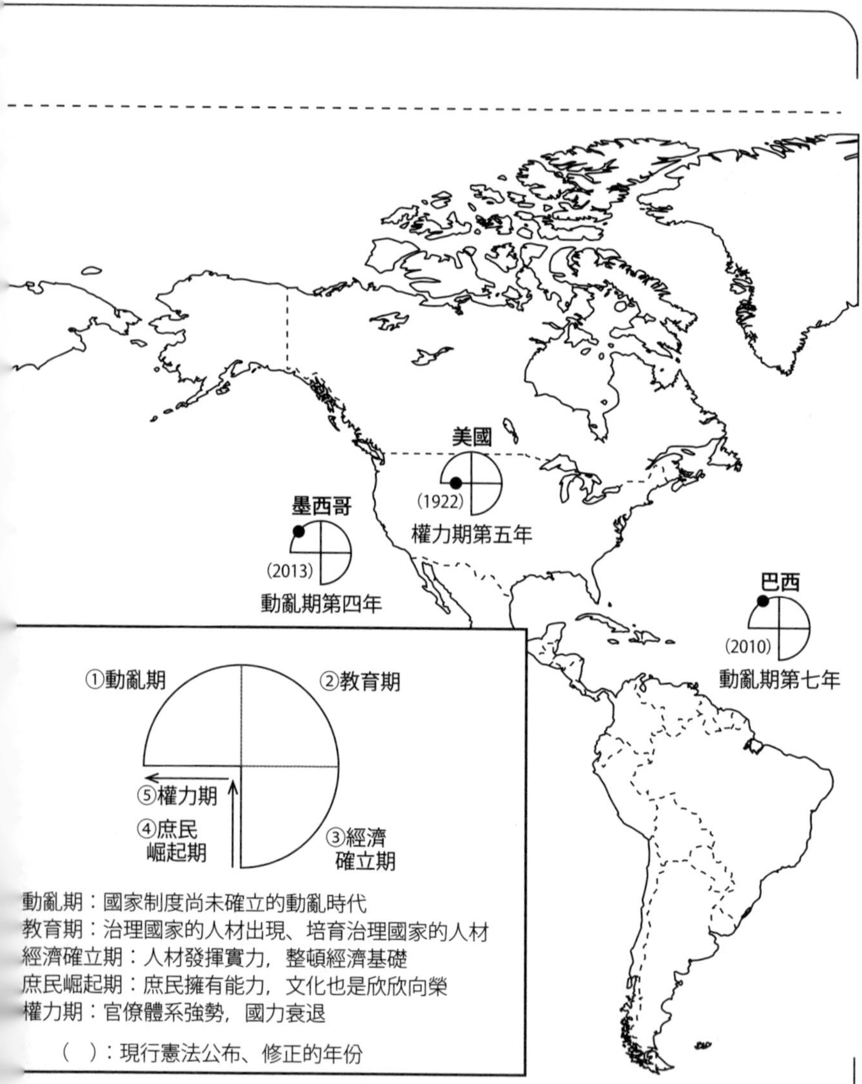
美國
(1922)
權力期第五年
墨西哥
(2013)
動亂期第四年
巴西
(2010)
動亂期第七年
①動亂期
②教育期
③經濟確立期
④庶民崛起期
⑤權力期
動亂期：國家制度尚未確立的動亂時代
教育期：治理國家的人材出現、培育治理國家的人材
經濟確立期：人材發揮實力，整頓經濟基礎
庶民崛起期：庶民擁有能力，文化也是欣欣向榮
權力期：官僚體系強勢，國力衰退
（　）：現行憲法公布、修正的年份

參考：《悠久的軍略》高尾義政（菜根出版）

透過算命學看世界（2016 年度）

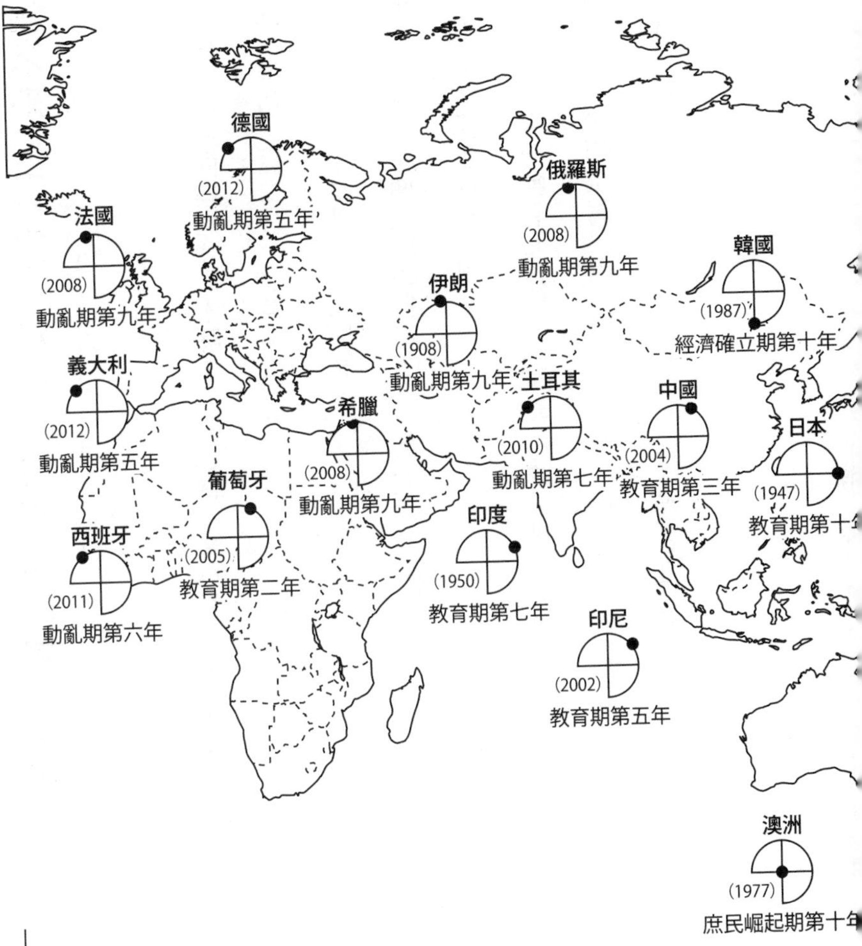
德國
(2012)
動亂期第五年
俄羅斯
(2008)
動亂期第九年
法國
(2008)
動亂期第九年
韓國
(1987)
經濟確立期第十年
伊朗
(1908)
動亂期第九年
義大利
(2012)
動亂期第五年
土耳其
(2010)
動亂期第七年
中國
(2004)
教育期第三年
希臘
(2008)
動亂期第九年
日本
(1947)
教育期第十
葡萄牙
(2005)
教育期第二年
西班牙
(2011)
動亂期第六年
印度
(1950)
教育期第七年
印尼
(2002)
教育期第五年
澳洲
(1977)
庶民崛起期第十

預測未來　二〇一六年，日本將出現新英雄？

核能事件的廢爐問題迄今尚未解決，但是震災後的復興進度仍持續進行，若從算命學法則來推估，從二〇一七年到二〇二六年，日本將進入經濟確立期。

在這段期間，東京奧運會也將開幕。

接下來的庶民崛起期大約始自二〇三七年，權力期始自二〇四七年左右，因爲時間還很久，實在很難具體預測。

不過，根據厚生勞動省的預估，二〇五〇時，日本人口將跌破一億人。

根據國土交通省的試算，因人口減少之故，屆時日本領土有六成無人居住。

不過，通常厚生勞動省或國土交通省的試算或預估都不準確。因爲，他們是以現在的數據爲依據來推估。

因此我預測**下一個時代的經濟確立期始於二〇一六年左右，屆時日本的政治和經濟會有極大的改變，提出新商業策略或政策的經營者及政治家一定會出現。**

換言之，將有新英雄人物出現。

後安倍經濟學、安倍首相繼承人或財界、商界的新領導人物即將崛起。

比其他開發國家提早進入超高齡社會的日本，將成爲世界的高齡國楷模，正如堺屋太一先生所言，善待老年人、高齡者，善用老年人智慧的社會應該會形成吧？

而日本的人均GDP也將會在開發國家中名列前茅。

後記

謝謝您買了本書，而且看到最後。

每次出版新書，就可以透過作品認識許多讀者，這是最讓人開心的事。

這一次我想盡量讓更多讀者體會「學習歷史」的樂趣，以其傳授我的「透過歷史解讀未來」的訣竅。

我想傳送給各位的訊息正是：「能掌握過去的人，才能掌控現在及未來！」

大家都知道，本書不是單純的歷史課本。

本書不是在教歷史，而是在追溯世界的變遷現象發生的原因。當日常生活有所改變時，還有世界及日本改變之時，到底發生了什麼事？

一九八九年十二月，東西冷戰時代結束，美蘇兩個超級大國的時代也結束了，這時候出現了哪些變化呢？當時的蘇聯也改名爲俄羅斯。

同樣地，發生於一九八九年六月四日的天安門事件，對於往後的中國造成什麼樣的影響呢？不用說，天安門事件正是讓中國決定繼續共產黨一黨獨裁，還是轉向民主化靠攏的重大轉捩點。

結果，中國領導人否決了民主化運動，選擇繼續當個共產黨獨裁國家。

後來中國寫下驚人的經濟成長成績，看到這樣的結果，是否就能說當時的領導人做了正確的選擇嗎？

不過，歷史還沒有結束。中國歷史也會綿延不斷。拒絕民主化的中國未來是光明？還是黑暗？答案尚未出現。

另一方面，一九八九年十二月的日本經濟達到顛峰，泡沫經濟崩盤。往後進入長達二十年的通貨緊縮不景氣時期。二〇一三年安倍經濟學登場，日本的景氣、股市總算恢復許久不見的活力。

美國度過了二〇〇八年十月的雷曼事件難關，現在依舊是世界上最繁榮的國家，世界資金現在也朝美國前進。

如上所述，世界上發生的歷史事件都會對未來產生巨大改變。

現在的世界將會發生什麼事呢？如果你能夠比別人提早預測身邊會發生的事，乃至於國際情勢的變化，想累積巨額財富絕非夢想。

只是把歷史當成知識學習，無法成爲有錢人。各位，應該都明白這個道理吧？

「歷史的轉捩點能預知未來。」

看完本書，知道何謂歷史轉捩點嗎？只要你清楚歷史轉捩點的重要性，從明天開始，你解讀情報資訊的角度，以及解讀歷史的能力都會有所改變。

如果這本書能讓各位讀者有了「學習歷史，成為有錢人！」的意念，本人將甚感榮幸。

二〇一五年六月十五日

菅下清廣

識財經 005

神預測：從歷史軌跡找致富密碼，一次進場富三代！

作　者—菅下清廣
譯　者—黃瓊仙
主　編—林憶純
責任編輯—林謹瓊
行銷企劃—王聖惠
封面設計—張溥輝
內頁設計—黃庭祥
董事長
總經理—趙政岷
第五編輯部總監—梁芳春
出版者—時報文化出版企業股份有限公司
一〇八〇三臺北市和平西路三段二四〇號七樓
發行專線—（〇二）二三〇六—六八四二
讀者服務專線—〇八〇〇—二三一—七〇五
（〇二）二三〇四—七一〇三
讀者服務傳真—（〇二）二三〇四—六八五八
郵撥—一九三四四七二四時報文化出版公司
信箱—臺北郵政七九～九九信箱
時報悅讀網—www.readingtimes.com.tw
電子郵件信箱—history@readingtimes.com.tw
法律顧問—理律法律事務所　陳長文律師、李念祖律師
印　刷—勁達印刷有限公司
初版一刷—二〇一六年五月
定　價—新臺幣三〇〇元
⊙行政院新聞局局版北市業字第八〇號

國家圖書館出版品預行編目（CIP）資料

神預測：從歷史軌跡找致富密碼，一次進場富三代！/ 菅下清廣著；
黃瓊仙譯. -- 初版. -- 臺北市：時報文化，2016.05
面；　公分

ISBN 978-957-13-6615-9(平裝)

1.經濟史 2.經濟預測

550.9　　　105006129

ISBN 978-957-13-6615-9
Printed in Taiwan

REKISHI KARA MANABU OKANE NO MIRAI YOSOKU

Originally published in Japan in 2015 by KANKI PUBLISHING INC.
Chinese translation rights arranged through TOHAN CORPORATION, TOKYO.
and KEIO Cultural Enterprise Co., Ltd.